KURZGESCHICHTEN DES ANKOMMENS

Joanna Iwińska, geboren in Polen. Studium der Medizin in Polen und in Deutschland. Seit 1993 in Deutschland wohnhaft. Mehrere Jahre ärztliche Tätigkeit als Radiologin an Universitätskliniken und in einer Arztpraxis. Die Autorin hat zwei erwachsene Söhne und lebt in Marburg.

Melika Moazeni, geboren 1993 in Isfahan, Iran. Abschluss in Bildender Kunst und Philosophie an der Philipps-Universität Marburg (2021) sowie Abschluss in Textildesign an der Kunstuniversität Teheran. Tätigkeit als freie Künstlerin. Seit 2017 regelmäßige Einzel- und Gruppenausstellungen. Mehr Informationen: https://melikamoazeni.com/.

Joanna Iwińska · Melika Moazeni (Illustration)

KURZGESCHICHTEN DES ANKOMMENS

Fünfundzwanzig Porträts

BÜCHNER

Joanna Iwińska • Melika Moazeni (Illustrationen)
Kurzgeschichten des Ankommens

ISBN (Print) 978-3-96317-358-5
ISBN (ePDF) 978-3-96317-918-1

Druck und Bindung: Schaltungsdienst Lange oHG, Berlin
Die verwendeten Druckmaterialien sind zertifiziert als FSC-Mix.

Bibliografische Informationen der Deutschen Nationalbibliothek
Die Deutsche Nationalbibliothek verzeichnet diese Publikation in der Deutschen Nationalbibliografie, detaillierte bibliografische Angaben sind im Internet über http://dnb.de abrufbar.

www.buechner-verlag.de

Gewidmet unseren Kindern

In Gedenken an Dominic

Inhalt

Vorwort

Schreiben ist etwas Brutales und Rücksichtsloses, da hilft nichts.
Daniel Kehlmann

Dieses Buch entstand aus vielen intensiven, zum Teil intimen Gesprächen mit Freunden, Bekannten und Arbeitskollegen, die aus unterschiedlichen Ländern und Gründen nach Deutschland eingewandert sind. Diese Gespräche waren für mich wie kurze Reisen in verschiedene Teile der Welt. Dabei sind sehr persönliche Berichte entstanden. Einige der Geschichten habe ich aufgezeichnet, einige Geschichten haben meine Gesprächspartner selbst verfasst. Ich wollte bestimmte Lebenserfahrungen als Kurzgeschichten wiedergeben, möglichst wahrheitsgemäß, so wie sie mir mit viel Vertrauen erzählt wurden – von Menschen unterschiedlichen Alters und unterschiedlicher Herkunft, aus vielen Generationen, mit verschiedenen Ausbildungen und Berufen. Ich habe dabei vieles auch für mich Überraschendes über andere Länder und Kulturen erfahren. Einiges geht unter die Haut, amüsiert oder erschreckt, verschreckt gar oder verärgert. Manche dieser Berichte sind in Bezug auf die eigene Integration kritisch bis ablehnend, andere dagegen durchaus positiv.

Eine deutsche Freundin hat mich provokativ gefragt, was denn eigentlich die Zugewanderten für dieses Land und die Menschen hier getan haben. Das war eine sehr gute Frage und das Buch könnte zur Beantwortung seinen Beitrag leisten (wie zum Beispiel auch die Gründung des deutsch-italienischen Vereins »Il Ponte« in unserer Stadt). Die Frage zeigte mir aber auch, dass über die Unentbehrlichkeit von »Menschen mit internationaler Erfahrung« – die heutzutage in praktisch allen Bereichen in diesem Land präsent sind – nicht nachgedacht wird. Eine Künstlerinitiative aus Berlin um Moshtari Hilal und Sinthujan Varatharajah setzt sich übrigens zu Recht und vehement gegen die übliche Bezeichnung »Menschen mit Migrationshintergrund« ein, die tatsächlich eher negativ abstempelt und Ab- bzw. Ausgrenzung schafft. Die aktuell politisch korrekte Bezeichnung »Menschen mit internationaler Erfahrung« verallgemeinert aber meines Erachtens zu sehr. Denn eigentlich sind wir alle Inländer, werden aber als solche sehr oft nicht wahrgenommen. Nicht selten haben die Erzähler auch noch nach Jahren diffuse oder direkte Ausländerfeindlichkeit gespürt und erlebt. Generell ist es nicht leicht, mit Begriffen wie Migration, Integration und Assimilation umzugehen.

Alle Erzählenden sind als Erwachsene oder Jugendliche zwischen 1971 und 2017 nach Deutschland aus verschiedenen Ländern eingewandert und sind mittlerweile zwischen 27 und 72 Jahre alt. Die meisten berichten über eine Entwurzelung, über die sie sich vor der Emigration keine Gedanken gemacht hatten. Fest steht aber, dass wir alle durch unseren jeweiligen kulturellen Hintergrund geprägt sind. Ich komme beispielsweise aus einem Land, das »östlich von Westen« und »westlich von Osten« liegt. Diese Herkunft war für mein Weltbild prägend. In den letzten zehn Jahren habe ich mir viele Gedanken darüber gemacht, was die Entscheidung der Umsiedlung für meine Entwicklung und meine Persönlichkeit bedeutet hat. Wie hat mich persönlich die Emigration verändert? So ist die Idee gekommen, mit anderen »Ausgewanderten« zu sprechen.

Wie hat sich die Emigration auf die erzählenden Personen ausgewirkt? War es schwer, hier Fuß zu fassen? Warum haben wir uns für Deutschland entschieden? Gibt es ein Rezept, mit Anderssein/Fremdsein umzugehen? Haben wir Schwierigkeiten, die Mentalität/das Lebensgefühl der Menschen hier im Land zu verstehen? Ist Deutschland ein gastfreundliches Land? Sind die Menschen hier hilfsbereit? Habe ich persönlich Ausländerfeindlichkeit erlebt oder Ablehnung erfahren? Was bewirkte die Auswanderung für mich? War es insgesamt gesehen eine gute Entscheidung? Diese und viele weitere Fragen habe ich in den einzelnen Gesprächen gestellt. Es interessierte mich, wie andere Erzählende die Trennung von Tradition und Muttersprache, von Familie und Freunden und im weitesten Sinne von der vertrauten Kultur verarbeiten. War die Trennung schmerzvoll oder gar eine Erleichterung? Viele führen eine Beziehung mit einem deutschen Partner oder einer Partnerin, wodurch man auch im Privaten mit einer anderen Erziehung und Lebensweise konfrontiert wird. Und selbst wenn der Partner oder die Partnerin aus demselben Land stammt, verarbeitet und verkraftet man das neue Leben häufig unterschiedlich. Wie betrachten wir jetzt unsere Herkunftsländer? Ich habe festgestellt, dass die meisten Migranten erst nach Jahren anfangen, darüber nachzudenken. Am Anfang sind die meisten bemüht, anzukommen, selbstständig zu sein und sich zu integrieren. Für alle ist es ein sehr intensives Auseinandersetzen. Die Unterschiede muss man verkraften lernen. Viele berichten über zwei Herzen und zwei Seelen. Sind wir überhaupt angekommen? Nur physisch – oder entwickelten wir auch Zugehörigkeitsgefühle und Verbundenheit mit unserer neuen Heimat, mit unserem neuen Wohnort? Worauf kommt es uns bei diesem Prozess an? Die psychologischen Aspekte dieses zweiten Lebens sind bekannt: Migranten, insbesondere jene mit Fluchterfahrung, neigen oft zu Melancholie und entwickeln häufiger Sucht- und psychosomatische Erkrankungen.

Die meisten meiner Gesprächspartnerinnen und Gesprächspartner haben den Wunsch nach Integration geäußert und möchten nicht in einer Parallelgesellschaft leben. Denn wir leben längst in einer interkulturellen Gesellschaft: Die größte Migrantengruppe sind die Bürger türkischer Herkunft (1,5 Millionen Menschen), gefolgt von Zugewanderten aus Polen (etwa 1 Million), Italien, Griechenland und Rumänien. Ungefähr jeder vierte Bürger in Deutschland hat einen Migrationshintergrund (21,2 Millionen), jeder achte besitzt eine andere Staatsbürgerschaft (11,4 Millionen). Im Jahre 2019 hatten 40,4 % aller Kinder unter fünf Jahren einen Migrationshintergrund. Von allen Personen mit Migrationshintergrund sind knapp zwei Drittel selbst eingewandert und gut ein Drittel ist in Deutschland geboren (Quelle: Statistisches Bundesamt für das Jahr 2020).

Von diesen Menschen erzählt dieses Buch, in ihren eigenen Worten, von ihren Erlebnissen, Träumen und Wünschen, von Zweifeln und Verzweifeln, Hoffnungen und Enttäuschungen, auch von Widersprüchen – aber vor allem erzählt dieses Buch von Vielfalt. Entstanden ist kein literarisches Werk, sondern eher ein Stück persönlich erlebter Zeitgeschichte. Das Buch möchte eine Einladung sein. Eine Einladung zum Perspektivwechsel, zum offenen Dialog, zur Begegnung – von allen Seiten, für Einheimische und Zugereiste.

Die Verfasserin

Fast ein Gebet

Nun weiss ich's, Liebster. Dieses ist das Glück.
Nach all dem Wirrsal und den irren Fahrten
Blieb uns zuletzt das Beste doch zurück:
Des Abends mit dem Kind auf dich zu warten.
Und klein zu sein mit ihm im kleinen Spiel,
Und in sein Schweigen still hineinzulauschen,
Das Gestern in ein Morgen einzutauschen,
Die Brücke neu zu baun, da sie zerfiel.
Was sie auch nahmen, dieses Eine blieb.
Lass uns dies auch in grauen Stunden wissen.
Herr, gib du allen, die das Schwert vertrieb
Ein Dach, ein Brot, ein Kind, ein eigen Kissen.

Mascha Kaléko

Justyna

aus Nordpolen, 59 Jahre, Ärztin

Schreiben ist für mich gleich Denken, und es ist auch eine Möglichkeit, mich in der Welt zu positionieren, vor allem, wenn mir nicht gefällt, was passiert.
Toni Morrison

Anfang der neunziger Jahre habe ich meinen deutschen Freund geheiratet. So könnte meine Geschichte beginnen. Ich denke, ich sollte jedoch deutlich früher ansetzen, vielleicht mit meiner Kindheit in einem sozialistischen Land, westlich von Osten und östlich von Westen. Als Kind las ich sehr viel. Bereits früh habe ich außer Büchern auch die Zeitschriften meiner Eltern durchgeblättert (wir abonnierten ungefähr 20 unterschiedliche Zeitschriften und Magazine, darunter zwei für Kinder). Berichte über andere Länder haben mich immer fasziniert. Im Alter von ca. 11 Jahren begann ich heimlich, die Bücher meines Vaters zu lesen. Kurz bevor die Eltern von der Arbeit kamen, stellte ich die Bände unauffällig in das Regal an die richtige Stelle zurück. Darunter waren Bücher über den Holocaust und die Konzentrationslager. Diese Lektüre hat mich zu einem sehr ernsten Kind und später zu einer nachdenklichen jungen Frau gemacht. Ich hatte das Gefühl, den Zweiten Weltkrieg durch die vielen gelesenen Bücher quasi selbst erlebt zu haben, er war in meiner Kindheit und Jugend stets präsent. Ich konnte nicht mehr unbeschwert sein. Denn auch in meiner Familie waren Menschen umgebracht, verschleppt oder in deutsche oder sowjetische Arbeitslager interniert worden. Mein Großvater väterlicherseits ging bereits in den ersten Tagen des Zweiten Weltkrieges verschollen. Alle Recherchen nach seinem Schicksal blieben erfolglos. Deutschland war damals, in meiner Kindheit, ganz klar unser Feind. Kein Land hat so viele Verluste im Zweiten Weltkrieg erlitten wie Polen. Jeder fünfte polnische Bürger ist umgekommen. Die Verluste unter der polnischen Intelligenz, unter anderem vieler polnischer Bürger jüdischen Glaubens, waren enorm. Diese Vernichtung ging von beiden Seiten aus: von Deutschland und der Sowjetunion. Zu den prägendsten Erlebnissen meiner Jugend gehörten daher die Besuche in Auschwitz und Treblinka.

Während des Kriegsrechts in Polen, das am 13. Dezember 1981 durch General Wojciech Jaruzelski ausgerufen wurde, begann ich, Medizin zu studieren. Im Rahmen von Repressalien wurden die Anhänger der Arbeitergewerkschaft Solidarność in speziellen Lagern interniert. Etliche Bürger wurden ermordet, wie zum Beispiel der oppositionelle Priester Jerzy Popiełuszko, der vom polnischen Geheimdienst in einem See ertränkt wurde. Wir hatten Angst vor einem Krieg mit der Sowjetunion, Angst vor einem Bürgerkrieg und sogar vor einem dritten Weltkrieg. Ab 19 Uhr galt die Ausgangssperre. So liefen wir jungen Frauen nach unseren Vorlesungen so schnell wie möglich nach Hause, vorbei an den Soldaten und den ZOMO-Einheiten (einer besonders brutalen Formation der Miliz), die sich in diesem kalten Winter 1981/82 überall an den Feuern im Schatten der Panzer wärmten. Einige in der Solidarność aktive Studierende wurden von den Universitäten verwiesen. Wir haben sie bewundert und respektiert. Der Kriegszustand endete zwar am 22. Juli 1983, aber bis zum Systemwechsel im Jahr 1989 war es noch eine bedrückende, dunkle Zeit. In diesen Jahren haben viele junge Polen und Polinnen ihr Land verlassen.

Als Mitglied eines studentischen Chors wurde es mir erlaubt, 1983 zu einem Festival nach Marseille zu reisen. Der Rückweg nach Hause führte, zum Entsetzen eines Aufpassers, über Rom. Dort durften wir im Rahmen einer Audienz dem damaligen Papst Johannes Paul II. mehrere Lieder vorsingen. Der Auftritt war gewagt. Bei der Rückkehr nach Polen bekam unser Dirigent ernsthafte Probleme mit dem Geheimdienst. Meine zweite Reise in den Westen führte 1984 nach Paris. Ich war 21 Jahre alt und meine zwei Freundinnen und ich erlebten in dieser Stadt nur Positives. Es kam mir vor, als ob ich einen Regenbogen angefasst hätte. Meine Freundin verglich unsere Erlebnisse mit einer Art anhaltenden Feuerwerks.

Im Jahr 1985 bekam ich die Chance, in Deutschland Medizin zu studieren. Dies war mein erster Kontakt mit jungen deutschen Menschen. Bis dahin lebte ich mit dem Vorurteil von ehemaligen Besatzern und brutalen Gegnern. Ich habe mich regelrecht gewundert, dass die jungen

Menschen in Deutschland so freundlich und aufgeschlossen waren, so fortschrittlich und tolerant – toleranter sogar als in meinem Ursprungsland. Kontakt hatte ich überwiegend mit Studierenden, die weder konservativ noch rechtsgerichtet waren.

Ich habe mich über viele Migranten in diesem Land gewundert: Frauen mit Kopftuch, Familien mit vielen Kindern, das Picknicken in den Parks – so hatte ich mir Deutschland vorher nicht vorgestellt. In meiner Kindheit sind wir immer brav eingehängt in den Parkanlagen spazieren gegangen. Man saß auf Bänken oder in Cafés. Mit einer Decke auf dem Rasen zu sitzen, war damals unvorstellbar.

Ich hatte in meinem ersten Jahr in Deutschland (also noch in der BRD) ein starkes Gefühl des Andersseins. Mit meinen Bekannten oder Freunden konnte ich nicht zusammen lachen, zum deutschen Humor fehlte mir jeglicher Bezug. Im Grunde genommen wusste ich absolut nichts über dieses Land.

Nach einem Jahr bin ich nach Polen zurückgekehrt, um mein Studium zu beenden. Es war für mich ein ziemlicher Schock, wie sehr mental verändert ich zurückgekommen bin. Ich war eine andere Person, anders denkend, anders empfindend. Diese Veränderung in meinem Inneren – nach nur einem Jahr! – hatte ich wohl vor der Abreise unterschätzt. Fortan konnte ich mir nicht mehr vorstellen, in dieser damals recht provinziellen Stadt weiterzuleben. Plötzlich schien mich meine durchaus herzliche polnische Familie regelrecht zu erdrücken. Das war für mich der erste heftige Kulturschock. Ich sehnte mich nach Freiheit im privaten und politischen Umfeld. Heute weiß ich, dass man nie wirklich frei sein kann. Freiheit bleibt eine wahrhaft schöne Utopie.

Die Polen sind zu 86 % katholisch, ca. 10 % sind Atheisten oder nicht-religiöse Agnostiker, 3 % der Gläubigen gehören zu anderen Religionen: orthodox, protestantisch, dazu wenige Juden und einige Muslime. Ich kannte in meiner Jugend keine Ausländer und keine Juden. Der einzige Tatar in meiner Grundschulklasse war aufgrund seiner mandelförmigen Augen und rabenschwarzen Haare eine belächelte Besonderheit.

In unserem Jahrgang studierten einige junge Männer aus den arabischen Ländern Medizin, vor allem aus Libyen. Sie waren zwar sehr freundlich, blieben aber vorwiegend unter sich. Ich kam sechs Jahre lang nicht ernsthaft auf die Idee, mit ihnen zu reden. Damals wirkten sie auf mich nicht nur fremd, sie interessierten mich einfach nicht.

Nach meinem Studium bin ich für ein Jahr nach New York umgesiedelt. Es war eine Zeit, in der der Trend der Emigration polnischer Akademiker und Akademikerinnen ganz klar in Richtung USA, Kanada und Australien lag. Ich war überzeugt, dort zu leben wäre nach meinen ganzen Erfahrungen das absolut Richtige für mich. Als Ärztin hätte ich in finanzieller Hinsicht viel besser in den USA leben können als in Europa. Dieser damalige, aus der Ferne entwickelte Blick auf Europa begleitet mich schon mein ganzes Leben. Aus privaten Gründen bin ich nach 16 Monaten aus den USA zurück nach Polen gegangen und habe Anfang der neunziger Jahre angefangen, in der Hauptstadt als Ärztin zu arbeiten. Die Miete für eine kleine Wohnung war so hoch wie mein Gehalt. Aber die Stadt war attraktiv und wir – mein deutscher Ehemann und ich – fühlten uns beide sehr wohl. In dieser Zeit gingen wir oft aus und unternahmen viele kulturelle Aktivitäten.

Mein Mann war an meinem Land sehr interessiert und spielte mit dem Gedanken, nach seinem Studium seinerseits aus Deutschland auszuwandern. Ich habe jedoch Anfang der neunziger Jahre keine berufliche Perspektive für mich in Polen gesehen. Alle attraktiveren Arbeits- und Ausbildungsstellen hat man damals nur über Beziehungen bekommen und in Warschau hatte ich diese einfach nicht. Auch in meine Geburtsstadt wollte ich auf keinen Fall zurück. Ich war neugierig und suchte neue Herausforderungen. Da ich Deutschland bereits kannte, war ich als junge, vielleicht etwas naive Frau bei dem ganzen Projekt optimistisch. So zog ich mit zwei Koffern zu meinem Mann nach Deutschland. Meinen Haushalt habe ich an meine Familie in Polen verschenkt. Ich wollte komplett neu anfangen: keinen unnötigen Ballast, nicht zurückblicken, nicht grübeln. Wenn man jung ist, erscheint vieles sehr einfach. Heute hätte ich vielleicht nicht mehr den nötigen Mut dazu.

Es war lange sehr schwer, in Deutschland ganz selbstverständlich nur dazu zugehören. Vermutlich ist dies ein wichtiger Aspekt jeder Emigration. Zum damaligen Zeitpunkt, aufgrund meines jungen Alters und meiner fehlenden Lebenserfahrung habe ich mir keine tieferen Gedanken über meine Entscheidung gemacht. Ich war vor allem bemüht, eine Arbeit zu suchen und möglichst schnell in diesem Land anzukommen. Zur Zeit der Ärzteschwemme in Deutschland hatte ich Glück, eine Stelle als Assistenzärztin an einer Universitätsklinik in einer Provinzstadt zu bekommen. Das habe ich damals als eine große Chance für mich gesehen. Aus der heutigen Perspektive waren meine Chancen für eine wissenschaftliche Karriere nie gleich, männliche Kollegen erfuhren deutlich größere Unterstützung. 1993 war ich noch die einzige Ausländerin in der ganzen Abteilung.

Die ersten zwanzig Jahre waren für mich wie eine Reise in einem rasenden Zug. Ich habe innerhalb von acht Jahren zwei Kinder geboren, absolvierte zwei Facharztprüfungen und wurde Oberärztin. Nach vier Jahren meines Aufenthaltes in Deutschland promovierte ich erfolgreich mit summa cum laude. Ich war also die perfekte Strebermigrantin (siehe dazu auch »Wir Strebermigranten« von Emilia Smechowski, 2017) und gehörte zu der ca. 1 Million unsichtbarer Polen und Polinnen in diesem Land. In den ersten Jahren hatte ich fast keine Kontakte mit meinen Landsleuten. Diese habe ich auch nicht explizit gesucht, ich wollte mich anpassen und assimilieren. Ich fing an, Deutsch zu kochen, Möbel aus Buche zu kaufen und deutsche Mode zu tragen.

Auf den Schock der Verpflanzung folgten viele Jahre des Familienlebens und beruflicher Herausforderungen: unzählige Nachtdienste und 24 Stunden lange, sich unendlich ziehende Bereitschaftsdienste an den Wochenenden. Ich wundere mich, wieviel Kraft ich damals hatte. Für soziale Kontakte hatte ich wenig Zeit und für andere Sachen als für meinen Beruf überhaupt sehr wenig Muße. Ich hatte auch keinerlei Kraft, über das, was in meinem Leben passierte, tiefer nachzudenken oder überhaupt mein Leben zu reflektieren.

Mit einigen deutschen Männern und Frauen bin ich mittlerweile gut befreundet. Manche Freundschaften sind meistens aber eher zurückhaltend. Viele meiner deutschen Freunde und Freundinnen haben auch einige Jahre im Ausland verbracht, beruflich bedingt oder aus anderen Gründen. Sie sind dadurch toleranter, haben weniger Vorurteile und sind weltoffenere Menschen. Es dauerte aber viele Jahre, diese Freundschaften aufzubauen. Zwei meiner besten Freundinnen in Deutschland kommen allerdings aus Polen, unsere gemeinsame Lebensgeschichte verbindet uns. Ich bin definitiv ein Großstadtmensch und kann mich mit der Mentalität vieler Menschen aus der ländlichen Region, in der ich zur Zeit lebe, einfach nicht anfreunden.

Einmal habe ich eine schmerzliche Herabwürdigung auf einem Fachkongress erlebt. Ich war bereits promovierte Oberärztin und habe an einem Tisch mit männlichen, zum Teil recht bekannten Fachkollegen gesessen. Ein Freund stellte mich vor und sagte, dass ich aus Polen komme. Einer der Tischnachbarn ließ daraufhin die Bemerkung fallen: »Wir haben zu Hause auch eine Perle aus Polen.« Ich war schockiert, beschloss aber, diesen Spruch zu ignorieren. Es erschreckte mich, dass sonst keiner an dem Tisch reagierte. Meine Kinder, die einen deutschen Vater haben, wissen sehr gut, wie sie so ein Verhalten einzuordnen haben. Seit diesem Kongress besuche ich nur noch internationale oder europäische Kongresse, zum größeren Teil erscheinen sie mir auch fachlich interessanter und kreativer. Einer meiner Chefärzte fragte einmal: »Was gibt es Neues in Polakonien?« Auch das habe ich ignoriert. Heute würde ich diese Verhaltensweisen nicht mehr so hinnehmen. Es ist schlimm, dass Menschen derart dumm, voreingenommen, provozierend, ungebildet und unsensibel sein können.

Die meisten Erfahrungen mit meinen Arbeitskollegen und -kolleginnen hingegen waren positiv, manche sind sogar zu guten Freunden geworden. Meiner Ansicht nach sind die meisten Menschen in Ländern wie zum Beispiel Italien, Spanien, Portugal oder Polen freundlicher als hierzulande. Die Nachbarn in unserem gut situierten Wohnviertel grüßen sich oft noch nicht einmal.

Mit etwa Mitte fünfzig habe ich angefangen, mir Gedanken über die Ursachen und Folgen der Migration (auch meiner Migration) zu machen und mich verstärkt für die Vielfalt der hiesigen Gesellschaft zu interessieren. So entwickelte ich Freundschaften zu vielen Menschen mit internationaler Erfahrung.

Ich bin sehr naturverbunden. Die Wildheit der Natur im Nordosten Polens ist einmalig. Die weitgehend unveränderte, in sich ruhende Landschaft der Masurischen Seenplatte ist traumhaft. Meine Muttersprache fehlt mir stets, jeden Tag. Ich habe immer noch einen osteuropäischen Akzent. Manche Wörter kann man nicht treffend übersetzen, die müsste ich neu erfinden. Manchmal verletzt es mich, wenn ich aufgrund einer nicht perfekten Ausdrucksweise als eine weniger gebildete Person gesehen werde. Das kann ich spüren. Genauso habe ich ein Gefühl entwickelt für Menschen, die Ausländer oder »Fremde« nicht besonders mögen. Diese Menschen versuchen aber auch gar nicht erst, dies zu verstecken. Solche Verhaltensweisen gibt es vermutlich in allen Ländern der Welt.

Die politische Führung und die nationalistischen Ausschreitungen im heutigen Polen gefallen mir selbstverständlich nicht. Es ist trotzdem mein Land, vielleicht steht es mir sogar näher als vor dreißig Jahren. Mit diesen Sachverhalten muss ich mich neu auseinandersetzen. Ich habe einen deutschen Pass, der mich allerdings innerlich keineswegs näher an dieses Land herangebracht hat. Es ist ein administrativer Vorgang, mehr nicht. Alle paar Jahre sortieren sich meine Empfindungen und Erfahrungen neu. Mittlerweile habe ich länger im Ausland als in meinem eigenen Land gelebt, und trotzdem fühle ich mich hier noch immer teilweise fremd und als Ausländerin.

Eine Heimat ist für mich ein Raum, in dem ich mich mit Menschen über Literatur austauschen kann. Solche Gespräche zum Beispiel sind meine Brücke zu diesem Land. Die Literatur gibt mir Halt im Leben. Ich fühle mich als Polin, als Europäerin und als Weltbürgerin im weitesten Sinne. Nationalismus und Rassismus verachte ich zutiefst. In Zukunft möchte ich mich mehr für die Verständigung der Menschen aus vielen Kulturen und Religionen einsetzen. Nach meiner Pensionierung möchte ich in unterschiedlichen Ländern und Großstädten dieser Welt für längere Zeit leben. Es ist das, wovon ich seit Jahren träume!

Melika

aus Teheran, 28 Jahre, Künstlerin

Wir armen Vögel trauern sehr:
Wir haben keine Heimat mehr,
Wir müssen jetzt von hinnen flieh'n
Und in die weite Fremde zieh'n.
August Heinrich Hoffmann, 1798

Ich bin Opfer einer Generation, für die Europa und die USA Symbole der Kultur und Zivilisation waren. Meine Mama hat immer gesagt: »Ach, der Himmel ist überall blau.« Ob sie das auch so geglaubt hat, bin ich mir aber nicht sicher. Die Reisegeschenke aus Deutschland, welche Tante Maryam mitbrachte, waren unsere allergrößten Highlights damals. Diese waren nur besonders, weil sie aus Deutschland kamen. Die Klamotten, die Koffer und alles, was die Tante und ihre Kinder anhatten und mit sich führten, besaßen einen besonderen Geruch. Wir haben diesen geliebt und ihn einfach »Auslandsgeruch« genannt. Ich werde nie vergessen, wie wir Kinder diesen Geruch, den ich heute jeden Tag verspüre und lebe, genossen und geliebt haben. Der Geruch war nichts mehr als der »Luftfeuchtigkeitsgeruch Deutschlands«.

Im Jahr 2017 bin ich nach Deutschland migriert. Der Himmel ist tatsächlich überall blau. Aber die Zugvögel wandern, um sich besser versorgen zu können. Wir wandern auch, weil wir die Hoffnung haben, uns besser versorgen zu können, weil man immer etwas Besseres, Anderes, Schöneres, Sicheres, … haben will. Aber ich frage mich öfters, warum ich irgendwo leben soll, wo ich jedes Jahr meinen Aufenthalt begründen und die Gründe dafür sogar noch beweisen muss? Woher soll ich das denn wissen? Ich finde dieses Vorgehen sogar übergriffig – auf jeden Fall nervig. Aber vielleicht habe ich etwas Zugvogelartiges in meinem Charakter. Migration ist nie einfach, kann sie auch nicht sein.

Man muss immer bei Null anfangen. Es ist egal, was für ein Mensch ich in meinem Heimatland war: Ich bin der Mensch, der jetzt hier wohnt, und wie ich hier erscheine, ist das Einzige, was zählt!

Eins ist mir klar: Ich bin und werde immer Ausländerin bleiben. Allein die schönsten Komplimente, die ich fast jeden Tag höre, wie: »Du bist nur vier Jahre hier und sprichst so gut Deutsch? «, erinnern mich daran, dass ich Ausländerin bin. Dies ist aber kein großes Problem, weil wir alle irgendwie Ausländer auf dieser Erde sind. Das Problem liegt darin, dass wir Ausländer heimatlos sind. Wir Migranten haben uns auf der Suche nach Heimat »freiwillig« heimatlos gemacht. Wir haben unsere Wurzeln eingepackt und suchen nach einem Stück fruchtbarer Erde, um wieder einwurzeln zu können. Ich weiß nicht, ob ich sie jemals hatte, aber mit 28 Jahren habe ich keine Heimat mehr. »Warum? Kannst du nicht wieder zurück in den Iran?« Doch, ich kann theoretisch immer zurückkehren, aber ich habe hier einen Teil der Familie, Freunde, Beziehungen, Gefühle und vieles, was mir lieb und sehr wichtig geworden ist. Ich habe hier in Deutschland auch ein Zuhause. Ich habe versucht, hier einzuwurzeln und anzukommen und kann natürlich nicht auf einmal wieder alles einpacken und in den Iran zurückkehren. Außerdem ist der Iran, wie er heute existiert, nicht mehr so wie vor vier Jahren. Fast alle meine iranischen Freunde sind in den letzten Jahren in andere Länder migriert – gefühlt ist keiner mehr da.

Nur ein kleiner Teil meiner Familie ist im Iran übriggeblieben und für sie bin ich jetzt diejenige, die »aus Europa« kommt. Die nach Ausland riecht, diesen Auslandsgeruch hat, die jetzt für PerserInnen ebenfalls eine Ausländerin ist. Die ewige Wahrheit ist, dass ich immer Ausländerin bleibe – und dies ist das Absurde an der Migration. Manchmal denke ich mir, wie schön es bei den Bäumen ist, wo nicht wichtig ist, woher die Einzelnen ursprünglich hergekommen sind. Wichtig ist, dass es ihnen gut geht, dass sie grün bleiben, um aufwachsen zu können. Hier ist aber eine andere Sache wichtiger als das gute Gefühl: Ich glaube, das Allerschlimmste, was ich in Deutschland erlebt habe, war tatsächlich die fehlende Empathie der Bürokratie. Darüber kann man viel schreiben, aber diese schmerzhafte Arbeit will ich mir nicht antun. Ich schreibe hier symbolisch einen von meinen vielen innerlichen Briefen, die ich gern an ein beliebiges Amt geschickt hätte:

Der Brief an die Ausländerbehörde

Liebe Ausländerbehörde,

Du bist einfach apathisch und schläfrig. Du bist einfach unfähig zu realisieren, dass ich auch ein Mensch bin. Dass auch ich – genau wie Du – Deutschland schön finden kann und – genau wie Du – in Deutschland verliebt sein kann. Du denkst nicht daran, dass ich die Prinzessin meines Vaters bin und Teil einer Familie, die sich wünscht, dass es mir gut geht. Dir ist egal, wie erfolgreich und wichtig ich in meinem Land war oder nicht war und was für ein wertvolles Wesen ich bin oder nicht. Aber warum? Woher kommt diese steinkalte Gleichgültigkeit? Ach sorry, das stimmt eigentlich nicht. So neutral bist Du nämlich nicht. Ich kann mich noch klar erinnern, wie Du Dich gefreut hast, als ich Dich letztes Mal mit einem deutschen Freund besucht habe. Ja, da hast Du Dich zum ersten Mal gefreut. Kann es sein, dass Du Dich nicht auf mich freuen kannst, weil ich Nicht-Deutsche bin? Kann es sein, dass Du Dir deswegen keine Sorgen um mich machst? Oder bist Du etwa krank und genießt das, wenn ich bei Dir heule und Du mein Leben einschränken kannst? Ach, ich wollte eigentlich nicht so sarkastisch sein, sondern nur mal ehrlich über meine Gefühle reden. Aber wie Du siehst, schaffe ich das nicht, weil ich einfach so sauer und verletzt durch Dich bin. Bitte schreib mir. Lass uns einander kennenlernen. Lass uns mal Kaffee trinken gehen und ich erzähle Dir, warum ich in Deutschland bleiben will. Lass uns einander vertrauen. Glaub mir, danach geht es uns beiden besser.

Ich würde mich auf Deine Antwort sehr freuen.

Herzliche Grüße,
M.

Jekaterina

Russlanddeutsche, 38 Jahre, Arzthelferin

Willst du glücklich sein, dann verzichte
Auf unnütze Geschäftigkeit.
Halte inne, beruhige deinen Geist
Und lausche deinem Leben.
Aus Tibet

Ich bin im Alter von 15 Jahren nach Deutschland gekommen. Wie ich immer sage, wurde ich dabei nicht gefragt. Ich hatte meine Freundinnen und den ersten Freund und es gab viele Tränen beim Abschied. Wir haben in einer kleinen Stadt an der Schwarzmeerküste gelebt. Wir hatten einen Garten und eine eigene Wohnung. Das Klima dort ist eher mild und das Meer in der Nähe. Ich habe eine glückliche Kindheit gehabt. Es gab nicht immer Wurst und Süßigkeiten, aber das war nicht so wichtig. Man war von einer großen menschlichen Wärme umgeben. Mandarinen, Nüsse und Pralinen – das waren unsere Geschenke. Die Menschen in der Straße waren befreundet, die Kinder spielten zusammen, man hatte eine große Familie. Meine Eltern waren quasi durch eine Tante verkuppelt worden. Man legte großen Wert darauf, dass untereinander geheiratet wurde. Die deutschen Familien in Russland haben über mehrere Jahrzehnte zusammengehalten.

In den neunziger Jahren, nach dem Zerfall der Sowjetunion, herrschten im Land chaotische Verhältnisse. Die Gehälter unserer Eltern wurden manchmal monatelang nicht ausbezahlt. Mein Großvater war schon in Deutschland. Er hat stets von einer Ausreise abgeraten. Meine Eltern haben den Antrag trotzdem gestellt und nach zwei Jahren Wartezeit durften wir 1996 Russland verlassen. Wir verkauften die Wohnung, die Garage, den Garten und unseren kompletten Haushalt. Dann nahmen wir den Zug nach Moskau und flogen von dort aus nach Frankfurt. In den Koffern hatten wir nur unsere Kleidung, Bettwäsche und Handtücher. Das Geld aus dem Verkauf hat uns am Anfang sehr geholfen, da wir mehr oder weniger auf uns allein gestellt waren. Zunächst kamen wir nach Friedland, wo der zentrale Aufnahmepunkt für die Spätaussiedler war.

Der erste Eindruck, den das Land auf uns machte, war eher negativ. Das Wetter im November war schlecht. Es war dunkel, regnete viel und es war wirklich kalt. So ein Wetter kannten wir gar nicht. Mit anderen Angehörigen bekamen wir ein Zimmer mit acht Stockbetten zugeteilt. Zum Glück hatten wir wenigstens ein eigenes Bad und eine eigene Toilette. Es war keine gute Zeit für mich, ich habe viel geweint. Nach einigen Wochen wurden wir in ein Heim, das speziell für Aussiedler aus Russland gebaut worden war, nach Mitteldeutschland geschickt. In dieser kleinen Stadt lebten bereits viele Spätaussiedler aus Russland. Vielleicht war das der Grund, diesen Wohnort für uns zu bestimmen.

Das Leben im Heim war definitiv eine schwierige Zeit. Zwei Jahre lang haben wir praktisch kein richtiges Zuhause gehabt. Ich bin froh, dass ich nicht auf die schiefe Bahn geraten bin. Es gab Alkohol, man konnte Drogen kaufen, viele Leute hingen einfach nur rum. Meine Eltern wurden zu einem Sprachkurs angemeldet, mich schickte man direkt in die Schule. In Russland war ich eine gute Schülerin. Ich hatte nur Einser und Zweier. Wegen der Sprachbarriere wurde ich um zwei Klassen runtergestuft und kam leider auf eine Hauptschule.

Am ersten Tag in der Schule habe ich mich schick angezogen mit einer gebügelten Bluse, einem Kostüm und mit guten Schuhen. Die Mitschüler und Mitschülerinnen haben mich ausgelacht. Sie selbst hatten alte, ausgeleierte Sweatshirts oder Pullis an. Während des Unterrichts haben manche Schüler und Schülerinnen gegessen, waren zum Teil respektlos den Lehrern und Lehrerinnen gegenüber oder liefen herum. Ich war regelrecht schockiert über diese Unkultur. Bei uns hatte es mehr Respekt allem gegenüber gegeben. Unsere deutschen Mitschüler und Mitschülerinnen waren unmöglich zu uns, haben uns mit Steinen beworfen, unsere Jacken bespuckt, uns als »Russen« bezeichnet. Wir sind aber Russlanddeutsche, meine Großeltern wurden in der Sowjetunion als Faschisten beleidigt. Ich bin also nicht gerne in die Schule gegangen und habe mich der Integration zunächst verweigert. Ich wollte mich nicht anpassen und so sein wie die anderen. Ich wollte mich und meine Identität schützen.

Für meine Eltern war im Grunde genommen nichts einfach. Sie haben die Sprache nicht gut gelernt, der Sprachkurs war auch viel zu kurz dafür. Bei der Ausreise waren sie bereits etwas älter, etwa 50 Jahre alt. Ihre Abschlüsse wurden entweder nicht anerkannt oder es gab keine entsprechenden Stellen. Meine Mama war Buchhalterin gewesen, mein Vater hatte in Russland als Ingenieur gearbeitet. In Deutschland bekam er einen Job als Elektriker und meine Mama arbeitete bis zu ihrer Rente in einer Reinigungsfirma. Wir lagen niemandem auf der Tasche, trotzdem wurden wir misstrauisch beäugt.

Anfangs habe ich meine Heimat sehr vermisst. Ich wollte mich nicht assimilieren, ich wollte mein altes Leben zurück. Deswegen und aufgrund meiner schwachen Sprachkenntnisse war ich nicht besonders gut in der Schule. Später hat sich für mich eine Lehrerin eingesetzt, so kam ich auf eine Berufsschule und konnte später meine Ausbildung als Arzthelferin absolvieren. Es gab ungefähr zwanzig Russlanddeutsche und sechs Deutsche in der Klasse. Wir haben nichts gemeinsam unternommen und blieben jeweils unter uns. Auch heute habe ich nur Kontakt zu den Spätaussiedlern aus dem Jahrgang. Die Mentalität hier ist schon anders. In der Praxis komme ich gut klar mit den Kolleginnen und Kollegen, am besten verstehe ich mich jedoch mit einer polnischen Mitarbeiterin. Ich habe auch türkische Freunde. Einer von denen sagte einmal: »Deutschland ist ein kaltes Land.« Ich denke tatsächlich, dass wir hier die Herzlichkeit vermissen, die wir aus unseren Familien und unserer alten Heimat kennen. Zudem habe ich manche Verhaltensweisen nicht als direkt und ehrlich empfunden. Ich lästere nicht gerne über meine Mitmenschen, es ist mir fremd.

Mit Vorurteilen habe ich täglich zu tun. Manche sind subtil. Insbesondere am Anfang wurden die Spätaussiedler als Konkurrenz um die Arbeitsplätze gesehen. Aber, ehrlich gesagt, verrichten hier viele von uns die Arbeiten, die sonst kein Einheimischer machen würde. Man neidet uns auch unsere Häuser und Autos. Dabei machen wir einfach vieles mit Freunden und der Familie zusammen. Wenn ein Russlanddeutscher ein Haus baut, kommen alle, um zu helfen: Freunde, Nachbarn, Familie. Die Männer können handwerklich viel, wodurch man eine Menge Geld spart. Dafür fahren wir auch nicht häufig in Urlaub und es wird meist zu Hause gekocht. Viele haben auch ihre eigenen Gärten mit Obst und Gemüse. Dann wird alles eingelegt und eingekocht – auch weil es viel besser schmeckt.

Heute bereue ich sehr, dass ich keine weiterführende Schule besucht habe. Die Hauptschule hat meinen Werdegang bestimmt. Ich war immer gut in Mathe und würde gerne das Abitur nachmachen. Vielleicht mache ich das noch. In gewisser Weise habe ich noch immer Angst, wieder verpflanzt zu werden. Ich möchte eigentlich nicht schon wieder mein Zuhause und meine Familie verlassen. Manche Patienten und Patientinnen fühlen sich durch meinen starken Akzent irritiert. Andere dagegen bedanken sich für die nette Art, mit der ich ihnen begegne. Meine Arbeit macht mir sehr viel Spaß und durch meine Vorgesetzten erfahre ich auch viel Anerkennung.

Wenn ich im Sommer die kleine Stadt besuche, in der ich groß geworden bin, erlebe ich eine Art Nostalgie. Dann werde ich melancholisch, ich erkenne Orte aus der Kindheit wieder, Straßen und Plätze aus meinem alten Leben. Ich bin sehr gerne dort, es ist alles für mich intensiv und einfach vertraut. Oft höre ich russische Musik oder schaue mir russische Serien an. Dann werde ich nachdenklich. Ich weiß nicht, was aus mir in Russland geworden wäre. Vielleicht hätte ich dort studiert. Vielleicht hätte ich in meiner Muttersprache mehr erreicht. Andererseits kann ich als alleinstehende Frau hier gut leben. Ich bin zum Beispiel viel gereist. Alle zwei Jahre fliege ich zu meiner Freundin, die am Schwarzen Meer lebt, und gemeinsam verbringen wir dort unseren Sommerurlaub. Sie hat dagegen Schwierigkeiten, nach dem frühen Tod ihres Mannes, alles alleine zu finanzieren.

Ich denke, ich habe einen starken Charakter. Es war für mich nie schwer, mich durchzusetzen, wenn ich meinte, im Recht zu sein. Oft bin ich auf meiner Arbeitsstelle die Einzige, die offen sagt, was sie denkt. Die anderen Kollegen und Kolleginnen haben oft weniger Mut. Vielleicht bin ich so durch die Emigration geworden: Ich habe gelernt, zu kämpfen und nicht zu schnell aufzugeben. Es interessiert mich nicht, was die Menschen sich in dieser kleinen Stadt erzählen. Durch meinen bisherigen Lebensverlauf habe ich einfach eine andere Sichtweise. Viele Deutsche empfinde ich als sparsam und berechnend. Früher habe ich mich richtig gewundert, wenn jemand, der zu einer Hochzeit oder zu einem runden Geburtstag eingeladen wurde, nur fünfzehn oder zwanzig Euro schenkte. Das würden wir niemals tun.

Deutsche Freunde und Freundinnen habe ich hier nicht, nur Bekannte. Meine beste Freundin kommt aus Kasachstan. Wenn ihre Familie deutsch spricht, verstehe ich sie allerdings nicht. Vielleicht ist es ein Deutsch, das seit 200 Jahren unverändert in dieser Form existiert. Mit meiner Freundin kann ich alles besprechen, das schätze ich sehr. Meine Nichte dagegen hat viele deutsche Freunde und Freundinnen. Sie ist bereits im Alter von drei Jahren hierhergekommen und hat nie die Erfahrung gemacht, in einem anderen Land zu leben. Ich denke, sie ist hier voll integriert.

Heimat bedeutet für mich, wenn meine Mama Teigtaschen mit Hackfleisch zubereitet. Das ist der Geruch meiner Kindheit! Auch wenn wir in Deutschland ganz heiße Sommertage haben, ist es für mich wie in der Kindheit. Dieses Gefühl macht mich glücklich. Heimat ist auch meine Familie. Wir treffen uns sehr oft. Meine Freunde sind auch bei meinen Eltern immer willkommen. Ich kann die Vorurteile nicht mehr hören, dass wir immer nur feiern und Wodka trinken würden. In jedem Land gibt es Trinker, auch in Deutschland.

Trotz ihres beruflichen Abstiegs sind meine Eltern sehr froh, dass wir Kinder unser Leben hier so gut gemeistert haben und wir unsere Berufe und gute Arbeitsstellen haben. Ihnen war eine Perspektive für unser Leben wichtig. Zurückgehen werden wir nicht. Nach den ersten zehn schwierigen Jahren sehe ich nun viel Positives in diesem Land. Ich denke, ich bin hier angekommen.

Ich wünsche mir, dass dieses Buch gelesen wird, damit die Einheimischen verstehen, was sich in unseren Gedanken und Gefühlen abspielt.

Ahmad

aus Syrien, 43 Jahre, Arzt

Das ganze Leben eines Menschen
ist nichts als ein Augenblick.
Genießen wir ihn.
Plutarch

Ich finde es wichtig, dass wir miteinander reden. In der letzten Zeit habe ich viel über deine Fragen nachgedacht. Ich komme aus einer Millionenstadt in Zentralsyrien. Nach Deutschland bin ich im Alter von 26 Jahren als Stipendiat des syrischen Staates gekommen, um eine Weiterbildung als Facharzt für Chirurgie zu absolvieren. Die meisten Syrer und Syrerinnen gehen in die USA. Dort ist es aber fast unmöglich, eine Ausbildung zum Chirurgen zu machen. So habe ich mich in der deutschen Botschaft in Damaskus vorgestellt. Die Angestellte dort vermittelte mir den Eindruck, dass ich nicht willkommen sei. Sie blätterte desinteressiert in meinen Papieren und schaute dabei aus dem Fenster. Ich fühlte mich wie Luft. Ich musste Sprachkurse besuchen und ein Sprachexamen ablegen – und irgendwann kam dann auch das Visum.

In Deutschland angekommen bin ich im Frühling 2004. Die Natur war für mich wie das Paradies. Dieses saftige Grün, was ich aus meinem Land nicht kannte! Der erste Eindruck war sehr positiv. Wir haben in Syrien eine sehr gute Meinung über Deutschland als freies, demokratisches, gut organisiertes und tolerantes Land.

Ich wurde an einer Universitätsklinik in Süddeutschland angenommen. Mein Deutsch war zu diesem Zeitpunkt allerdings nicht gut. Man kann eine Sprache im Ausland nach ein paar absolvierten Standardkursen einfach nicht gut beherrschen. Zu diesem Zeitpunkt hatte ich keine privaten Kontakte, so habe ich mich vorwiegend auf das Berufliche konzentriert.

In Syrien hat meine Frau in derselben Straße gewohnt wie ich. Unsere Familien waren bereits befreundet. Ich wollte unbedingt eine syrische Frau heiraten, wegen der gemeinsamen Religion und Kultur. Wir wollten auch beide wieder zurück nach Syrien, aber 2011 begann der Krieg. Naiv wie wir waren, dachten wir, dass er nach ein paar Tagen vorbei wäre. Noch lange hatte ich diese Hoffnung und die feste Absicht zurückzugehen. Seit einiger Zeit denke ich nicht mehr daran. Unser ältester Sohn ist mittlerweile zehn Jahre alt. Er ist integriert und zufrieden hier in der Schule. Wir möchten unsere Kinder nicht entwurzeln, denn sie fühlen sich hier heimisch.

Meine mit Abstand schlimmsten Erfahrungen in meinem bisherigen Leben habe ich bei der Ausländerbehörde gemacht. Ich hatte ja ein Stipendium von der syrischen Regierung erhalten und war finanziell vollkommen unabhängig. Trotzdem musste auf dem Ausländeramt belegen, dass ich über 3000 Euro im Monat verfügte. Ich wurde von so vielen Angestellten schlecht behandelt, die im Grunde genommen eine schlechtere Ausbildung als ich hatten. Werden solche Menschen mit Absicht angestellt, um uns abzuschrecken und zu demütigen? Mir wurde gedroht, dass mein Aufenthalt nicht verlängert und dass man uns trotz des Krieges zurückschicken würde. Zum Teil wurden sogar falsche Informationen gegeben. Ich habe daraus gelernt, immer alles mehrfach zu überprüfen.

Irgendwann fehlten Ärzte in Deutschland und so bekam ich 2012 die Möglichkeit, hier zu bleiben und zu arbeiten. Beruflich habe ich mich nach einigen Jahren verändert. Ich bin als anerkannter Facharzt an eine Universitätsklinik nach Ostdeutschland gekommen und habe dort als Oberarzt gearbeitet. Die Nachbarn in unserem Haus vermittelten mir den Eindruck, dass wir als Menschen aus Syrien und generell als Araber im Haus nicht willkommen wären. Mein »Guten Morgen« im Treppenhaus wurde stets ignoriert. Dass ich an einer Uniklinik arbeite, wussten die Nachbarn. Wie hätten sich diese Menschen erst verhalten, wenn ich arbeitslos gewesen wäre? Meine Frau trägt ein Kopftuch. Einmal wurde sie in der Straßenbahn von einem Mann mit der Schulter gestoßen – absichtlich. So etwas merkt man. Daraufhin haben wir beschlossen, dass sie nur noch mit dem Auto in die Stadt fährt. Unsere syrischen Bekannten haben berichtet, dass sogar ihre Autos angezündet oder dass sie aus der Straßenbahn geschubst wurden. Ähnliche Übergriffe sind zwar aus den Medien gut bekannt, aber wenn man selbst oder die Familie persönlich betroffen ist, erlebt man es natürlich ganz anders als in den bloßen Berichterstattungen.

Nach ein paar Jahren haben wir entschieden, wieder nach Westdeutschland zu gehen. Jetzt arbeite ich als Oberarzt in einem Kreiskrankenhaus in einer kleinen Stadt in Mitteldeutschland. Wir fühlen uns hier viel wohler. Du fragst, was ich an meinem Land vermisse: Es sind vor allem die Spontaneität und Gastfreundlichkeit. In Syrien ist es üblich, sich nach der Arbeit mit der Familie zu treffen, manchmal erst um 20 Uhr, und alle bringen etwas zum Essen mit. Man lebt im Alltag als eine große Familie. In meiner Geburtsstadt waren alle Familien in der Straße miteinander befreundet. Alle Kinder spielten gemeinsam. Hier sind wir mit einer oder höchstens zwei Familien in der Straße besser bekannt. Spontan treffen wir uns nur mit den anderen syrischen Familien.

Ich vermisse meine Familie und Freunde sehr. Manchmal fühle ich mich antriebsgemindert, zwar nicht gerade depressiv, aber ich muss stark dagegen ankämpfen. Wie du weißt, bin ich Moslem und möchte spontan in die Moschee gehen können. Es gibt das wichtige Freitagsgebet für uns. Leider kollidiert das zeitlich mit meiner Arbeit. Im Vergleich zu der aktuellen Situation in Syrien verdiene ich gut. Die Menschen in Syrien arbeiten meistens lange, bis 18 oder 20 Uhr. Der Lebensstandard ist nicht so hoch. Viele haben Schwierigkeiten, genug Geld zu verdienen, um die Familie zu ernähren. Trotzdem sind die Menschen fröhlich, lachen viel, treffen sich oft. Wenn man in Syrien im Krankenhaus arbeitet, ist man schnell mit vielen Menschen befreundet. Hier empfinde ich viele Kollegen und Kolleginnen als eher distanziert.

In meinem Studium wurde ich von meiner ganzen Familie finanziell und moralisch unterstützt. Meine Eltern, meine Schwester, mein Onkel, sogar Nachbarn sorgten für mich. Alle sind stolz, in der Familie einen Arzt zu haben. Ich würde sie gerne behandeln oder beraten können und meine Dankbarkeit zurückgeben, aber ich arbeite in einem anderen Land. Das macht mich manchmal traurig, denn nur Geld zu schicken ist emotional nicht dasselbe wie eine persönliche Hilfe und Betreuung.

Mittlerweile lebe ich schon fast 17 Jahre hier. Ich fühle mich inzwischen gut integriert. Meine Kinder gehen gerne zur Schule. Zusätzlich versuche ich, ihnen die arabische Sprache und die arabische Kultur beizubringen, auch die Grundsätze der Religion aus unserer Sicht. Doch ich merke, dass sie das nicht immer richtig interessiert – meine Kinder sind wohl noch besser integriert als wir Erwachsene.

Ich habe keinen einzigen deutschen Freund, auch meine Frau hat ausschließlich arabische Freundinnen. Gerne würden wir in unsere Heimat zurückgehen. Wir würden sofort in ein Flugzeug steigen, aber meine Familie in Syrien möchte, dass wir im Westen bleiben. Sie sind glücklich, dass wir in Sicherheit sind und in Frieden leben. Meine Familie ist gegen das Assad-Regime eingestellt und fürchtet Konsequenzen. Ein Teil meiner Familie wurde bereits verfolgt und eingesperrt. Somit könnten auch wir in Syrien jederzeit verhaftet werden.

Insgesamt bin ich zufrieden, hier leben zu können. Für unsere Familie ist es ein guter Lebensabschnitt.

Emilia

aus Norditalien, 52 Jahre, Lehrerin

Casa mia è là, e c'è sempre stata.
Mein Zuhause ist dort und war es schon immer.
Aus einem Lied von Daniele Silvestri

Ich komme aus einer kleinen Stadt, nicht weit entfernt von Ravenna. An der Universität in Bologna habe ich Germanistik und Romanistik auf Lehramt studiert. Auch wenn ich als Studentin nicht über viel Geld verfügte, genoss ich das Leben. In Bologna entwickelte ich meine Interessen für Sprachen, Kunst, Literatur und Geschichte. An der Universität engagierte ich mich politisch in einer katholischen Gruppe. Nach Abschluss des Studiums begann ich als Lehrerin zu arbeiten und zog zu meinem Freund und heutigen Mann in eine mittelgroße Stadt nördlich von Verona.

Mein Mann wollte unbedingt im Ausland berufliche Erfahrung sammeln. Ich stand diesem Wunsch nach Veränderung eher skeptisch gegenüber. Unser zweites Kind war gerade unterwegs. Ich hatte mich nach fünf Jahren in der neuen Stadt gerade eingelebt und einige neue Freundschaften mit den Kolleginnen und anderen Müttern aufgebaut. In Italien unterscheiden sich die Provinzen sehr voneinander, ich hatte also schon eine große Veränderung erlebt. Ich war kurz davor, mir beruflich eine sichere Laufbahn als Lehrerin aufzubauen. Nach Diskussionen hin und her haben wir gemeinsam beschlossen, zwei bis drei Jahre irgendwo im Ausland zu verbringen. Während meines Studiums hatte ich bereits einige Zeit in Deutschland und Frankreich verbracht. Beide Länder waren mir in positiver Erinnerung geblieben. Aufgrund meiner guten Deutschkenntnisse beschlossen wir, in den Norden zu ziehen. Mein Mann hatte sich in Deutschland, Österreich und in der Schweiz beworben. Das attraktivste Angebot kam von einem italienischen Konzern in Deutschland. Kurz vor

Was Heimat?

Weihnachten 2003 sind wir in einer kleinen Universitätsstadt in Deutschland angekommen. Rückblickend muss ich zugeben, dass wir beide die Hürden der Emigration unterschätzt haben. Vielleicht waren wir zu jung und etwas naiv und uns der Tragweite dieses Schrittes nicht vollends bewusst. Wir haben uns den Landeswechsel viel einfacher vorgestellt. Weder haben wir uns gut beraten lassen noch alles gründlich überlegt.

Unser älterer Sohn, der kaum deutsch sprach, wurde bereits nach ein paar Monaten eingeschult. Es macht mich stolz, dass er trotz aller Widerstände die Grundschule und das Gymnasium gut bewältigt hat. Gott sei Dank sprach wenigstens ich deutsch und konnte mich dafür einsetzen, dass er nicht auf die Förderschule kam, sondern in eine ganz normale Grundschule mit den Nachbarskindern. Wir haben uns mit Absicht für eine 6-jährige Grundschule entschieden. Als Teil der Integration haben wir es auch angesehen, die Hobbys unserer Kinder, wie zum Beispiel die Aktivitäten an der Musikschule oder im Sport und die privaten Kontakte zu unterstützen. Unser jüngerer Sohn wurde in Italien geboren, er war ungefähr sechs Monate alt bei unserer Ankunft. Wegen der Erziehung der Kinder bin ich in den ersten Monaten zu Hause geblieben. Ich war glücklich, die Zeit mit den Kindern zu verbringen, wollte aber die Arbeit in meinem ursprünglichen Beruf in Deutschland fortsetzten. Ich habe begonnen, Italienisch an der Volkshochschule und bei einer italienisch-deutschen Firma zu unterrichten.

An einem unserer ersten Elternabende machten wir die Erfahrung mit den Klischees, die Deutsche gegenüber Italienern haben. Ich erzählte, dass wir aus Italien stammen, woraufhin eine Mutter fragte, ob wir eine Pizzeria hätten. Es war sicherlich nicht diskriminierend gemeint, trotzdem schmerzte es.

Über die Vermittlung einer Bekannten erhielt ich nach wenigen Jahren die Möglichkeit, einen Vortrag über italienische Literatur im Haus der Romantik zu halten. Der Vortrag sollte das Leben einer außergewöhnlichen Frau und Freiheitskämpferin aus der Zeit der Romantik – Cristina Trivulzio di Belgiojoso – näherbringen. Diese Frau war nach vielen Jahren der Vergessenheit wieder neu entdeckt worden. Nach der Zeit zu Hause musste ich mich in die universitären Abläufe erst wieder einfinden und einarbeiten. Aber nach dem Vortrag wurde mir eine Vertretungsstelle an der Universität angeboten. Dies war eine interessante und lehrreiche Zeit für mich.

Nach dem Ende meiner Vertretungszeit bemühte ich mich um eine Stelle als Lehrerin. Obwohl ich in Italien bereits sieben Jahre als Lehrerin gearbeitet hatte, musste ich mit fast 40 Jahren wieder studieren und mehrere Examina beim Schulamt ablegen. Ich habe an einem Projekt für Lehrkräfte aus dem Ausland, welches ungefähr drei Jahre dauerte, teilgenommen. Dabei habe ich viele nette Menschen aus verschiedenen Ländern, zum Beispiel aus Bulgarien, Russland, Rumänien, Frankreich und Finnland kennengelernt. Zumindest die Wiederholung des Referendariats blieb mir erspart.

Nach kurzer Zeit habe ich angefangen, an mehreren Schulen zu unterrichten. Im Jahr 2016 bekam ich keine Verlängerung meiner Tätigkeit als Lehrerin. Für fast ein Jahr wurde ich zu meinem Entsetzen arbeitslos. Diese Zeit war für mich eine schlimme Erfahrung. Ich lernte die Macht des Arbeitsamtes kennen. Dort fühlte ich mich von den gegenübersitzenden Sachbearbeitern und Sachbearbeiterinnen herablassend behandelt. Wir Arbeitslosen wurden wie Kleinkinder betrachtet und mussten an sinnlosen Kursen teilnehmen: Gott sei Dank brachte man mir endlich bei, wie man eine Bewerbung verfasst! Vieles war absurd und es war wahrhaftig keine gute Zeit. Nach diesen Erfahrungen revidierte ich mein ursprüngliches Bild von dem gut organisierten Deutschland. Glücklicherweise endete diese Zeit mit dem Angebot einer neuen Schule, die mich als Lehrerin einstellte. Heute bin ich dort verbeamtet und fühle mich endlich sicher. Ich denke, es hat mindestens zehn Jahre gedauert, bis ich mich wie zu Hause – und endlich angekommen – fühlte.

An meiner Schule gibt es viele Kinder von Migranten aus der Türkei, aus Italien, Russland, Syrien, Iran, Bulgarien und Polen. Ich kann mich gut in sie hineinversetzen. Wir teilen weitgehend gleiche Erfahrungen. Manchmal habe ich den Eindruck, dass diese Kinder nicht dieselben Chancen wie die deutschen Kinder haben. Ich versuche daher, mich so gut wie möglich für sie einzusetzen. In Italien gibt es vor allem Vorurteile gegenüber Albanern oder Rumänen, denen man nachsagt, dass sie stehlen oder betrügen würden. Ich habe keine solchen Vorurteile, durch die Emigration bin ich viel toleranter geworden.

Bislang habe ich wenige deutsche Freundinnen gefunden. Meine beste Freundin ist, wie ich, eine gebürtige Italienerin. Meine andere liebe Freundin lebt in Frankreich. Die meisten unserer Freunde und Bekannten verfügen über internationale Erfahrungen. Mit einigen italienischen und deutschen Freunden haben wir im Jahr 2017 den deutsch-italienischen Verein »Il Ponte« mitgegründet. Wir stellen dort italienische Filme und Bücher vor und es gibt regelmäßig Vorträge aus den Bereichen Kultur, Literatur und Politik.

Mir fehlte in den ganzen Jahren in Deutschland vieles aus meiner Heimat: die Familie, unsere Freundschaften und die Speisen aus unserer Region. Trotzdem denke ich, dass die Migration gute Erfahrungen mit sich gebracht hat. Unser Leben ist vielfältiger, flexibler und mobiler geworden. Mein Bruder hat mich zum Beispiel in all den 17 Jahren, die wir bereits in Deutschland wohnen, nicht ein einziges Mal besucht. Für mich erfolgte meine Integration durch meine Kinder, meinen Beruf und mein Arbeitsleben. Oft denke ich, dass ich weniger verkrampft arbeite als die Deutschen. Das disziplinierte berufliche Leben hier führt oft nicht zum Ziel, vielmehr macht es die Menschen unglücklich und setzt sie unnötig unter Druck. Es fehlt mir auch die italienische Art zu leben. In Italien trifft man sich nach der Arbeit spontan mit Freunden auf einen Espresso oder Aperitivo. Im Sommer sitzt man gemeinsam bis 21 Uhr am Strand. Viele Dinge sind unkomplizierter, es gibt keine großen Vorbereitungen oder lange umständliche Planungen für ein Treffen.

Ich glaube, ich habe mich besser als mein Mann in Deutschland integriert. Die Rückkehr nach Italien ist immer ein Thema und führt bei uns zu Hause zu tiefgreifenden Diskussionen. Er möchte im Alter unbedingt nach Italien zurück. Meiner Meinung nach idealisiert er in gewisser Weise das Land. Ich hingegen will – besonders mit Rücksicht auf unsere Söhne – nicht in ein für sie fast fremdes Land ziehen. Unsere Söhne interessieren sich dennoch für Italien, mit zunehmendem Alter sogar viel mehr als früher. Ich möchte im Alter möglicherweise abwechselnd in Deutschland und Italien leben.

Robert

aus Ostpolen, 65 Jahre, Skandinavist und Germanist

Sage nicht: Wenn ich Zeit dazu habe.
Vielleicht hast du nie Zeit dazu.
Wenn nicht jetzt – wann dann?
Aus dem Talmud

Meine Emigration war nicht freiwillig. Nicht ich habe entschieden, sondern das Leben selbst hat mehr oder weniger für mich entschieden. 1981 haben ich und meine Exfrau noch in Polen gelebt. Sie ist zu mir aus Deutschland gekommen, als Studentin konnte sie sich an der Uni problemlos beurlauben lassen. Wir wollten erstmal ausprobieren, ob wir überhaupt zueinander passen. Zu diesem Zeitpunkt war keine Emigration geplant. Doch am 13.12.1981 wurde der Kriegszustand in Polen verhängt. Damit fing eine düstere Periode an.

Meine Frau hätte als Ausländerin Polen eigentlich sofort verlassen müssen. Das hat sie aber nicht gemacht, so dass wir, zumindest sie, nach ungefähr einer Woche in den Untergrund abtauchen mussten. Sie besaß also kein gültiges Visum mehr und konnte deshalb auch keinen Pflichtumtausch mehr machen. Die Ausländer mussten damals jeden Tag eine bestimmte Menge Fremdwährung in Zlotys umtauschen. Irgendwann ging uns das Geld aus und wir mussten uns welches borgen. Wir sahen, dass die einzige Möglichkeit zusammen zu bleiben, eine Heirat war. Falls meine Freundin ausgewiesen worden wäre, hätten wir uns vielleicht mehrere Jahre nicht sehen können. So zumindest sah die Situation damals für uns aus. Also haben wir mit den Vorbereitungen für diese ziemlich verrückte Heirat begonnen. Ich musste meine Freundin zunächst verstecken. Heimlich wurden wir dann von einem befreundeten Taxifahrer nach Warschau geschleust, um zur deutschen Botschaft zu gelangen. Meine Freundin musste sich dort ein sogenanntes »Ehefähigkeitszeugnis« ausstellen lassen, was für sich schon eine abenteuerliche Geschichte ist.

Wir haben also mehr oder weniger heimlich geheiratet, denn die zuständigen polnischen Behörden arbeiteten eigentlich nicht. Ich habe den Standesbeamten bestochen, der uns durch die Hintertür reingelassen hat. Dann waren wir auf diese verrückte Weise verheiratet und ich wähnte mich schon auf der sicheren Seite. Leider kam uns irgendwann doch der Geheimdienst auf die Spur und wir wurden drangsaliert. Am Anfang ging es noch, aber mit der Zeit wurden die Schikanen heftiger. Schließlich haben wir auf Anraten der deutschen Botschaft – ganz konkret in Person des Rechtsattachés – beschlossen, Polen zu verlassen, zumal meiner Frau mehr oder weniger eine Ausweisung drohte. Wir hatten geplant, nur vorübergehend nach Deutschland zu gehen. Aber letztlich sind wir doch für mehrere Jahre hiergeblieben. Ich hatte das Glück, ziemlich schnell einen Job an einer Sprachschule zu bekommen. Meine Frau war Studentin und konnte ihr Studium wieder aufnehmen.

Kurz darauf wurde unsere Tochter geboren. Acht Jahre lang, bis zum Systemumbruch im Jahr 1989, hatte ich Angst, nach Polen zurückzureisen, denn ich fürchtete die Verfolgung durch den Geheimdienst. Das waren alles Entscheidungen, die aus dem Bauch heraus getroffen wurden. So lebe ich jetzt seit fast 40 Jahren in Deutschland, auch wenn ich zwischendurch wegen meines beruflichen Werdegangs mehrere Jahre im Ausland verbracht habe.

Bevor ich meine Frau kennenlernte, hatte ich insgesamt schon fast drei Jahre lang als Stipendiat in Schweden gelebt. Ich hatte auch ein halbes Jahr bei meiner Schwester in Kanada verbracht, die mich überzeugen wollte, dort zu bleiben. Für einen Studiengang an der Universität in Ottawa hatte ich mich bereits eingeschrieben. Sowohl in Kanada als auch in Schweden hätte ich ohne Probleme bleiben können, trotzdem bin ich immer wieder nach Polen zurückgekommen. Wenn ich wirklich hätte emigrieren wollen, wäre meine Wahl auf Schweden gefallen.

Als ich nach Deutschland kam, waren meine ersten Eindrücke intensiv und prägend. Daran kann ich mich noch heute gut erinnern. In meine alte Heimat konnte ich nicht zurück und das neue Land war mir lange fremd. Das hat meine Gefühle, Erwartungen und Gedanken geprägt, die im Großen und Ganzen aber nicht enttäuscht wurden. Ich habe auch nicht erwartet, dass man mir als Ausländer in Deutschland einen roten Teppich ausrollt. Sicherlich war es von Vorteil, dass ich bereits vorher in Schweden gelebt hatte. Beide Länder sind, was die Mentalität betrifft, an vielen entscheidenden Stellen gut vergleichbar. Insofern wusste ich schon, was mich erwartet. Ich hatte nicht zu große beziehungsweise keinerlei materielle Erwartungen, anders als viele andere Spätaussiedler aus Polen.

Wir sind an einem schönen Tag, ich glaube am 10. Mai 1982, in einer Großstadt im Westen Deutschlands angekommen. Ich war auch sehr gespannt auf die Familie meiner damaligen Frau. Bis zu diesem Zeitpunkt hatte ich keinen einzigen Menschen aus ihrer Familie getroffen. Ich wurde, vorsichtig formuliert, freundlich-distanziert empfangen. Aber auf beiden Seiten steckte auch eine gewisse Neugierde dahinter. Die Großmutter meiner Exfrau, die sie praktisch großgezogen hatte, hat mich hingegen sehr herzlich empfangen. Der Rest der Familie war wie gesagt zunächst ein bisschen zurückhaltend. Zu mehreren Mitgliedern dieser leicht chaotischen Familie konnte ich, trotz meiner Bemühungen, keinen engen Kontakt aufbauen. Aus der Erfahrung der früheren Auslandsaufenthalte wusste ich ganz genau, dass ich aktiv auf Menschen zugehen muss. Trotzdem war bei einigen die Skepsis, so glaube ich, zu groß. Es gab nicht viel gemeinsames Terrain, auf dem man sich hätte treffen können. Es zeigten sich Vorbehalte bis hin zu der offensichtlichen Ausländerfeindlichkeit einer Tante. Ihre Ansichten wurden mir gegenüber zwar nicht direkt ausgedrückt, aber aus den Diskussionen am Sonntagstisch ging ihre Einstellung klar hervor.

Bezogen auf die Art, wie dieses Land funktioniert, waren die Eindrücke sehr positiv. Auch das kannte ich schon aus Schweden. Ich wusste, dass Deutschland eine gut funktionierende Verwaltung hat. Die Mühlen der Bürokratie mahlen hier manchmal zwar sehr langsam, aber sehr konsequent. Wenn ich etwas erledigen muss und den vorgeschriebenen Weg gehe, dann kommt irgendwann am Ende eine Lösung dabei raus. Oder ich denke an die deutsche Zuverlässigkeit. Wenn man beispielsweise Dokumente irgendwo abgibt, verschwinden sie nicht (wie mir das in Polen passiert ist und nicht nur einmal). Ich erlebte, dass man sich auf die Zusage eines Beamten/einer Beamtin auch wirklich verlassen kann. Das kannte ich aus Polen nicht und das war eine sehr positive Erfahrung.

Es gab natürlich Ausfälle, wie immer und überall. Das möchte ich hier mit einem Beispiel dokumentieren: Ich erinnere mich, dass ich nach meinen ersten zwei Wochen in Deutschland zum Ausländeramt gehen musste. Ich hatte nur ein Einreisevisum bekommen, das in ein richtiges Aufenthaltsvisum umgewandelt werden musste. In einem Großraumbüro befanden sich mehrere Tische. An jedem saß ein Sachbearbeiter/eine Sachbearbeiterin. Man musste eine Nummer ziehen, dann wurde man aufgerufen und je nachdem, auf welche Person man stieß, wurde man entsprechend behandelt. In der Mitte des Raumes thronte auf einer Erhöhung der Leiter dieses Amtes. An einem Tisch neben uns hatte eine Kroatin, wie sich herausstellte, etwas erledigen wollen. Sie sprach ganz schlecht deutsch. Die Sachbearbeiterin, die offensichtlich auch kroatische Wurzeln hatte, schaltete ins Kroatische um, um der Kundin die Situation zu erleichtern. Der Leiter bekam das irgendwie mit und plötzlich ertönte im Raum die herrische Stimme dieses Beamten. Er hat nur einen Satz in den Raum gerufen: »In einem deutschen Amt wird deutsch gesprochen!« Alles wurde still, die Sachbearbeiterin hat kleinlaut nachgegeben und schaltete wieder auf Deutsch um. Aber es gab in den ganzen Jahren eigentlich nur diese eine negative Erfahrung. Ich habe es mir so erklärt, dass Anfang der achtziger Jahre in deutschen Amtsstuben viele gearbeitet haben, die noch im Krieg gewesen waren und Ausländern nicht unbedingt positiv begegneten.

Natürlich brauchte ich eine Einnahmequelle und deswegen habe ich mich auf Arbeitssuche begeben. Dabei habe ich einen positiven Eindruck gewonnen, denn ich fühlte mich als Deutschlehrer wirklich ernstgenommen. Da damals mein Deutsch schlechter war als heute, hatte ich anfangs große Bedenken. Zu diesem Zeitpunkt gab es viele arbeitssuchende Akademiker. Irgendwann habe ich einen Job als Lehrer an einer Sprachschule bekommen. Auf dieser Basis konnte ich viele Erfahrungen sammeln und später davon sehr profitieren. Ich dachte schon, mich würde das Los vieler Migranten erwarten. Egal, was sie damals waren, ob Ärzte oder Uniprofessoren, man war zunächst froh über eine Arbeit als Reinigungskraft oder Aushilfe im Altenheim. Die Zeiten waren ganz, ganz anders als jetzt.

De facto hatte ich nach deutschem Recht keine richtige Ausbildung. Mein Unidiplom wurde zwar anerkannt, aber ich war in erster Linie Magister der Schwedischen Philologie und als solcher im Diplom ausgewiesen. Da ich aber nachweisen konnte, dass ich an der Universität in Polen Deutsch unterrichtet hatte, bot man mir doch diesen Job an. Ich habe damals meine Situation insgesamt als positiv betrachtet. Dass ich deutsch gesprochen habe, war natürlich von großem Vorteil. Ich habe später bei meiner Arbeit als Sprachlehrer von vielen Spätaussiedlern oder Asylbewerbern ganz andere Lebensgeschichten gehört. Schnell habe ich erkannt, dass die Sprache der Schlüssel zur Integration ist (das habe ich in meinen Sprachkursen immer gleich zu Anfang stark unterstrichen). Ich habe erklärt, wie wichtig Sprachkenntnisse sind, um seine Angelegenheiten selbst erledigen zu können. In den Migrantenfamilien habe ich oft erlebt, dass schon die Kinder im Alter von fünf oder sechs Jahren mit den Eltern zum Amt oder ins Geschäft gehen mussten, um für sie zu übersetzen.

Du stellst die Frage nach den positiven Aspekten der Emigration. Es mag vielleicht merkwürdig klingen: Ich habe mehrfach darüber nachgedacht und bin dann zu dem Schluss gekommen, dass dieser vor allem im Bereich der Selbstreflexion lag. Ich habe festgestellt, dass man, wenn man in ein anderes Land zieht, dieses neue Land am Anfang in Hinblick auf die Gesamtheit seiner Erfahrungen, Erlebnisse und Erwartungen, die man aus seiner alten Heimat mitbringt, reflektiert. Darauf baut man vielleicht auch falsche Erwartungen auf. Ich wusste, dass ich als Gast (zunächst ist man ja ein Gast) in der so genannten Bringschuld stehe. Wenn ich zum Beispiel bei jemandem rein privat als Gast erscheine, sollte ich mich nach den Gepflogenheiten dieses Landes richten und nicht erwarten, dass man es so handhabt wie im eigenen Herkunftsland. Ich habe wirklich oft erlebt, dass Polen und Polinnen sich vor dem Hintergrund dieser Erwartung irgendwie vor den Kopf gestoßen fühlten, beziehungsweise gar beleidigt waren, weil man sie nicht so wie in Polen üblich als Gast »hofiert« hatte. Auf dieser Grundlage gab es viele innere Konflikte bei meinen Bekannten.

Dazu vielleicht eine lustige Geschichte aus meinem interkulturellen Familienleben. Auch ich mit meiner vielfältigen Auslandserfahrung habe in der Situation ein bisschen verstört reagiert, auch wenn ich schon damals den Vorfall eher komisch fand. Die besagte Großmutter meiner Frau lud uns eines Sonntags zum Mittagessen ein. Sie hatte einen leckeren Sauerbraten aufgetischt. Das Gericht hatte ich davor noch nie gegessen. Sie servierte es mit selbstgemachten Knödeln. Ich konnte gar nicht so schnell und so viel essen, denn es war eine große Portion. Die Oma war schon mit Essen fertig und sagte dann plötzlich zu mir: »Iss, iss bitte, das Fleisch hat 15 Mark gekostet.« Im ersten Moment ist mir das Essen im Halse stecken geblieben. Sie wollte damit eigentlich nur sagen (das habe ich erst später verstanden), dass sie mich als Gast wertschätzt. 15 Mark war für sie mit ihrer kleinen Rente viel Geld. Sie wollte eigentlich unterstreichen, dass sie extra für uns dieses teure Fleisch gekauft hatte. Aus Polen kannten wir das ja ganz anders. Dort hütete man sich regelrecht davor, irgendwelche Preise zu nennen, auch wenn man bei vielen Geschenken deutlich machen wollte, dass sie nicht billig waren.

Ich hatte vorher über meine Selbstreflexion gesprochen. Ich konnte nach einiger Zeit der Erfahrungen mit dieser neuen Mentalität und den deutschen Gepflogenheiten sehr gut auch unsere polnische Mentalität reflektieren. Dabei habe ich eben nicht nur die Vorteile, sondern auch ganz klar und deutlich viele Nachteile gesehen. Das wurde mir aus der neuen Erfahrung heraus offensichtlich. Den Bereich der Bürokratie habe ich schon erwähnt. Aber auch in meinem Beruf, zum Beispiel bei unseren Schulkonferenzen, habe ich gesehen, wie anders und besser das hier in Deutschland funktionierte. Mir wurde unsere polnische Unfähigkeit zur sogenannten konstruktiven Kritik ganz klar bewusst. Und es ist bis heute leider so in Polen, dass die Menschen oft unfähig sind, Argumenten zuzuhören, die anderen ausreden zu lassen und dann argumentativ zu kontern. Überall – im Bereich der Politik, Wirtschaft oder ganz privat am Tisch zu Hause – gestalten sich die Diskussionen in Polen weniger pragmatisch als hier.

Ich habe bereits Konferenzen erwähnt. Lebhaft habe ich vor Augen, wie unsere Konferenzen an der Universität in Polen verliefen und wie dagegen die Konferenzen an der Sprachschule in Deutschland, wo alles nach einem genauen Punkteplan verlief. Alle Punkte wurden konstruktiv besprochen, jeder durfte etwas dazu berichten (aber nur einmal). Es gab einen Protokollführer, der aufgepasst hat, dass jeder seine Meinung sagen durfte (aber bitte nur einmal) und nicht wie in Polen, wo meiner Ansicht nach alle durcheinander und nicht nacheinander redeten. Die Konferenzen dort dauerten manchmal stundenlang und waren zum Teil recht chaotisch. Die Struktur der Sitzungen hat mir in Deutschland sehr gut gefallen.

Durch meine Emigration habe ich viel gelernt und das ist für mich der absolut positivste Aspekt der Auswanderung. Wenn man bereit ist, sich den neuen Sichtweisen und Situationen zu öffnen, dann lernt man Demut und Toleranz. Nach und nach habe ich die negativen Aspekte unserer polnischen Mentalität abgeschüttelt – durch den Prozess der Auseinandersetzung mit dem Neuen, aber auch mit dem Alten. Das betrifft die meisten Lebensbereiche. Es geht nicht nur um Intoleranz wegen der Hautfarbe oder der politischen Einstellung. Ein anderer wichtiger Aspekt ist die Rollenverteilung in der Familie, die bei uns in Polen in meiner Generation ganz anders war. Damals war sie zwar auch in Deutschland relativ neu, aber Polen lebte auf diesem Gebiet regelrecht hinterm Mond. Die Frage der Gleichberechtigung zwischen Mann und Frau existierte einfach nicht. Diesen Begriff kannte man gar nicht. Gleichberechtigung musste auch ich erst lernen, gerade in der Beziehung zu meiner Exfrau. Es war nicht so einfach an manchen Stellen, aber ich habe als Mensch und Mann viel dazugelernt und bin sehr dankbar dafür. Ich merke jetzt, wo ich mit einem Bein in Polen lebe, dass Männer meiner Generation immer noch enorme Probleme haben, weil sie diesen Rollentausch nicht nachvollziehen und vor allem nicht akzeptieren können. Viele polnische Frauen meiner Generation haben große Karrieren gemacht. Plötzlich war es nicht der Mann, der die Familie finanziell durchbrachte, sondern eben die Frau. Einige meiner männlichen Freunde in Polen haben große Probleme damit gehabt, bis hin zur Scheidung.

Es gab auch einen sehr positiven sprachlichen Aspekt meiner Emigration. Als Schwedisch- und Deutschlehrer habe ich mich früher nie tiefer mit meiner Muttersprache beschäftigt. Über die deutsche Sprache, die ich hier unterrichtet habe, wurde ich animiert, mich rückblickend mit dem Polnischen auseinanderzusetzen. Ich habe angefangen, polnische Grammatik zu lernen, Vergleiche zu ziehen, Dramen und Romane zu lesen. Am Anfang zumindest habe ich vorwiegend Polen und Russlanddeutsche unterrichtet, und deshalb nach Gemeinsamkeiten in den Sprachen gesucht. Und es gibt sehr viele, da die meisten Sprachen auf Latein basieren. Diese Brückenbildung war dann sehr hilfreich beim Spracherwerb meiner Schüler/Schülerinnen. Dadurch entwickelte sich bei mir eine Neugierde, immer wieder über meine Muttersprache zu reflektieren. Es ist mir bis heute eine Angewohnheit geblieben, dass ich

Dinge in Frage stelle. Wenn ich irgendwas höre, was mir ungewöhnlich vorkommt, fange ich an zu recherchieren, sei es auf Google oder in einem Wörterbuch, bis ich die korrekte Lösung für mich gefunden habe. Diese Sprachleidenschaft teile ich mit einem guten Freund in Berlin, mit dem ich mich oft in vielen Bereichen austausche.

Seit einigen Jahren lebe ich wieder zum größten Teil in Polen. Polen ist eindeutig meine Heimat. Ich würde sogar die These vertreten, dass man nur eine Heimat haben kann. In den letzten Jahren meines Berufslebens habe ich in Polen als Deutschlehrer gearbeitet. So kam es zu der Entscheidung, in beiden Ländern zu leben. Ich gehöre zu der Kategorie der Migranten, die sich in beiden Kulturen, Mentalitäten und Sprachen problemlos bewegen, auch aufgrund der Tatsache, dass Polen und Deutschland Nachbarländer sind. Wie ich gelesen habe, sollen in Deutschland inzwischen über eine Million Polen und Polinnen leben. Vermutlich pendeln viele, so wie ich, zwischen den beiden Ländern.

Ich fühle mich jetzt in Polen wieder mehr zu Hause. Vorsichtig ausgedrückt kommt es auf die entsprechende Situation an, in der man sich gerade befindet. Hier habe ich mich neu verliebt und die meisten meiner alten Freunde leben in Polen, sind Polen, fast meine ganze Familie lebt hier. Egal wie gut man sich in eine neue Gesellschaft einlebt, vermisst man doch das alte Leben, das Herkunftsland. Ich habe mich allerdings in Deutschland nie fehl am Platze gefühlt. Mein Empfinden von einer gewissen Heimatlosigkeit resultierte eher aus meiner individuellen Situation heraus, nämlich daraus, dass ich das Land nicht ganz freiwillig verlassen hatte und acht lange Jahre nicht dorthin zurückkehren durfte. Hätte es damals den Kriegszustand nicht gegeben, wäre ich nicht nach Deutschland emigriert, da bin ich mir ziemlich sicher. Wir wären vielleicht in Polen geblieben oder nach Schweden ausgewandert.

Wenn ich in meiner Wohnung in Berlin ankomme, ist mir nach ein oder zwei Tagen wieder alles vertraut und ich fühle mich wie zu Hause. Meine Tochter lebt in Berlin, ich habe einige Freunde dort und fühle mich in dieser Stadt einfach sehr wohl. Berlin als eine offene, lebendige Stadt und die Umgebung mag ich wirklich sehr. Gefühlsmäßig ist dieses Leben in zwei Welten eine gute und schöne Situation.

Deutschland habe ich nie negativ beurteilt oder bewertet. Ich betrachte es jetzt aus einer anderen, vielleicht reiferen Perspektive. Erst jetzt fallen mir mehr positive Gedanken ein. Ich empfinde für dieses Land einen großen Respekt, nicht zuletzt für seine wirtschaftliche Leistung. Und ich bewundere, wie erfolgreich die Deutschen das fast komplett zerstörte Land nach dem Krieg wieder aufgebaut haben. Die Hilfe der Amerikaner wusste Deutschland gut zu nutzen. Auch die Wiedervereinigung ging in meinen Augen relativ reibungslos über die Bühne. Noch mehr Achtung, wenn ich jetzt Deutschland und Polen vergleiche, empfinde ich bezüglich der großen Toleranz in Deutschland gegenüber Andersdenkenden, Fremden, Menschen anderer Hautfarbe oder anderer sexueller Orientierung. Das ist aktuell in Polen leider ganz anders.

Die größte Anerkennung haben in meinen Augen viele Deutsche verdient, die sich nach wie vor der historischen Schuld stellen, wie zum Beispiel die aktive Aufarbeitung des Genozids an den Hereros in Afrika deutlich macht.

Ich kann mich in vielen Ländern wohlfühlen, vor allem, wenn ich aufgeschlossene, freundliche und interessante Menschen kennenlerne. So war es in China, wo ich mehrere Jahre lebte und arbeitete, so war es, wie ich bereits erwähnt habe, auch in Kanada und Schweden.

Meine neue Liebe und ich schmieden ab und zu Pläne, in Zukunft vielleicht doch wieder nach Deutschland oder in ein anderes Land auszuwandern.

Atossa

aus Teheran, 40 Jahre, Ärztin

Laufe nicht der Vergangenheit nach,
verliere dich nicht in der Zukunft.
Die Vergangenheit ist nicht mehr.
Die Zukunft ist noch nicht gekommen.
Das Leben ist hier und jetzt.
Siddhartha Gautama Buddha

Ich freue mich sehr, dass wir uns auf einem Kongress vor zwei Jahren kennengelernt haben. Seit dieser Zeit schreiben wir uns und telefonieren miteinander, das finde ich sehr schön.

Deine Fragen beantworte ich gerne. Die Menschen hier haben keine Vorstellung davon, wie das Leben im Iran heutzutage wirklich aussieht. Nicht nur für die Frauen, sondern für alle Bürger. Wenn man etwas über die Situation nur in der Zeitung, in einem sicheren Land liest, erscheint alles viel harmloser. Es ist ja nur bedrucktes Papier! Die Gefängnisse im Iran sind voll mit politischen Dissidenten und Dissidentinnen. Als Frau darfst du zum Beispiel auf der Straße kein Fahrrad oder Motorrad fahren. Befolgt man diese Vorschrift nicht, wird man von der Polizei angehalten und verhaftet. Ein Kopftuch müssen im Iran alle Frauen tragen, egal ob sie Musliminnen oder Christinnen sind. Kontinuierlich gab es weitere Verschärfungen der religiös begründeten Gesetze und Vorschriften. Dabei gehen in Teheran höchstens 10 % der Menschen in die Moschee. Im Iran habe ich mich scheiden lassen. Das ist heutzutage in meiner Generation nichts Außergewöhnliches mehr. Bei uns zu Hause konnte ich frei leben, ohne Kopftuch, welches ich eh innerlich stets ablehnte. Meine Familie ist auch nicht religiös, meine Eltern gehen nicht in die Moschee. Viele Frauen in meinem Alter arbeiten im Iran in hohen Positionen als Ingenieurinnen, Chefärztinnen oder in Bankvorständen.

Aufgrund der zunehmenden Verschlechterung der politischen Situation und der religiösen Zwänge entschied ich mich zu emigrieren. Mein älterer Bruder lebt seit mehr als zehn Jahren in Kanada. Also hatte ich angefangen zu recherchieren und knüpfte Kontakte zu den aus dem Iran ausgewanderten Ärzten, die jetzt in Australien, Norwegen, England, Kanada, USA, Österreich, Frankreich und Deutschland leben. Nach wie vor emigrieren aus politischen und religiösen Gründen viele persische Ärzte und Ärztinnen. Ungefähr sechs Monate lang habe ich alle Informationen zur Situation gesammelt. Da es in Deutschland seit einigen Jahren einen Ärztemangel gibt, beschloss ich, mich dort zu bewerben. Die deutschen Behörden empfand ich, entgegen meinen Erwartungen, als nicht besonders gut organisiert. Vielleicht hatte ich einfach kein Glück. So lebte ich die ersten acht Monate nur von meinem ersparten Geld.

Direkt am Anfang wurde ich von einem Telefonanbieter bei Abschließung eines Vertrags betrogen. Ich habe mehrmals nachgefragt, ob ich meinen Telefonvertrag, ohne Strafe zu bezahlen, kurzfristig kündigen darf. Mündlich wurde es mir zweimal von einem Angestellten zugesichert. Aber am Ende verursachte die Kündigung des Vertrages unerwartet sehr hohe Kosten. Ich fühlte mich ausgenutzt! Denn einerseits kannte ich die Sprache noch nicht so gut, andererseits erwartete ich so ein Verhalten vor allem seitens eines bekannten Unternehmens einfach nicht. Ich dachte, dass man hier den Leuten vertrauen kann, ganz anders als in meinem korrupten Land.

Inzwischen lebe ich seit fast fünf Jahren in Deutschland. Nach eineinhalb Jahren erhielt ich meine Approbation als Ärztin und nach zwei Jahren bekam ich nach mehreren Vorstellungen bei der Ausländerbehörde endlich auch eine Aufenthaltserlaubnis. Für Sprachkurse, Übersetzungen, amtliche Überprüfungen und Examina habe ich bestimmt insgesamt 20.000 Euro bezahlt. Zum Glück hatte ich das Geld vorher gespart. In der Anfangszeit bin ich mehrmals umgezogen, ich habe zum Beispiel sechs Monate in Nürnberg und zwei Monate in Freiburg gelebt. Dabei habe ich die Erfahrung gemacht, dass ich eine Wohnung oder ein Zimmer in einer Wohngemeinschaft als Frau mit Migrationshintergrund viel leichter bekomme als männliche Migranten.

Nach einigen Monaten habe ich einen deutschen Mann kennengelernt. Er war sehr freundlich und hilfsbereit. Wir haben viel unternommen, meistens haben wir die Zeit bei mir verbracht. Dann hat er mich zu sich nach Hause eingeladen, er wohnte noch im Obergeschoss bei seinen Eltern. Diese wollten mich aber nicht kennenlernen. Mein Freund hat sich mehrmals bei mir entschuldigt und versuchte, seine Mutter in Schutz zu nehmen: Sie sei nur eine ungebildete Hausfrau und sähe oft im Fernsehen negative Beiträge über Ausländer, Flüchtlinge oder terroristische Anschläge. Das Ganze würde ihm sehr leid tun. Ich habe diese Beziehung schnell beendet, denn ich habe auch meinen Stolz. Dieses Verhalten hat mich sehr verletzt, es war eine klassische Ablehnung einer fremd aussehenden und fremd wirkenden Person.

Ich habe hier in Deutschland keine eigene Verwandtschaft. Mein Wunsch war und ist, hier meine neue eigene Familie zu gründen. Zum Glück habe ich jetzt einen sehr lieben Freund kennengelernt. Seine Eltern haben mich ausgesprochen herzlich aufgenommen. Die Mutter meines Freundes ist eine Deutsche, der Vater ist im Alter von zwei Jahren aus Österreich nach Deutschland übergesiedelt. Beide Eltern sind weltweit herumgereist und offen gegenüber Menschen mit Migrationsgeschichte. Sie pflegen viele Kontakte, auch mit Nachbarn, die internationale Erfahrungen haben. Eine deutsche Freundin habe ich noch nicht gefunden. Da ich mehrmals umgezogen bin, ist es schwierig, Kontakte aufzubauen.

Wegen meiner neuen Facharztausbildungsstelle war ich in den Nordosten Deutschlands umgezogen. Es war die sechste Stadt, seitdem ich in Deutschland lebte. Leider habe ich in diesem großen Krankenhaus, gelegen in der ehemaligen DDR, viel Schlimmes erlebt. Ich fühlte mich tatsächlich wie in einem anderen Land. Alle ausländischen Assistenzärzte und -ärztinnen wurden ausgegrenzt. Dieses Mobbing geschah nur aufgrund unserer Herkunft. Insbesondere eine Oberärztin hat uns noch nicht einmal gegrüßt, dafür wurden wir regelmäßig von ihr angeschrien. Die Arbeitsverträge von mir und einem anderen ausländischen Assistenzarzt wurden in der Probezeit gekündigt. Unter der Hand erfuhren wir, dass dafür deutsche Kolleginnen aus dem Mutterschutz zurückkommen sollten. Ich überlegte zu klagen, aber da ich dort sowieso nicht bleiben wollte, unterließ ich das. Solche schrecklichen Erfahrungen hatte ich in meinem Leben bisher nicht gemacht. Ich war wahrhaft am Boden zerstört. Heute arbeite ich in einer Universitätsklinik in Süddeutschland und sehe einen großen Unterschied in Fragen der Toleranz zwischen West- und Ostdeutschland. Mit der Mentalität der Menschen in der Region, in der ich jetzt lebe, habe ich keine Probleme.

Am meisten vermisse ich meine Eltern und Geschwister, meine Neffen und Freundinnen. Ich koche oft persisch, das ist ein Stück Heimat für mich. Das Land an sich vermisse ich, aber nicht die politischen und religiösen Verhältnisse. Ich kenne niemanden, der freiwillig in den Iran zurückgekehrt ist. Zunehmend stehen die Menschen dort unter enormen Druck, den Alltag in finanzieller Hinsicht zu bewältigen. Sie sind lauter und aggressiver geworden. Die Luftverschmutzung in Teheran ist weltweit mit am schlimmsten. Hier genieße ich die frische Luft und die Freiheit.

Zwischenzeitlich war ich schon wieder zweimal im Iran. Da ich ein Visum habe und keine politische Dissidentin bin, darf ich in mein Land einreisen. Diese Möglichkeit ist für mich sehr wichtig. Aber junge Männer, die im Iran keinen Militärdienst geleistet haben, werden durchaus an der Grenze angehalten und zur Armee eingezogen. Viele fliegen daher aus Angst nicht mehr in ihr Herkunftsland. Ich versuche, optimistisch zu bleiben und hoffe, dass ich viel von dem, was ich mir vorgenommen habe, gut bewältigen kann. Die Entscheidung der Auswanderung war für mich absolut richtig. In vielen Aspekten war mein Leben im Iran komplizierter und trauriger. Hier bin ich glücklicher, aber vermutlich brauche ich noch etwas Zeit, um hier ganz anzukommen.

Muhamad

aus Damaskus, 51 Jahre, Arzt

Man kann das Leben nur rückwärts verstehen,
aber man muss es vorwärts leben.
Sören Kierkegaard

Im Jahr 2008 bin ich als Stipendiat der syrischen Regierung nach Deutschland gekommen. Die Universität in Damaskus hatte eine Partnerschaft unter anderem mit einer deutschen Universität. Über diesen Austausch sollte es mir ermöglicht werden, spezielle operative Techniken in Deutschland zu erlernen. Nach der Ausbildung sollte ich zurückkehren und meine neu erworbenen Kenntnisse anwenden und weitergeben. Zu diesem Zeitpunkt war ein Krieg in meinem Land noch völlig unvorstellbar.

In der Abteilung der deutschen Universitätsklinik wurde ich sehr herzlich aufgenommen. Zunächst lernte ich Deutsch. Ich habe nette Kollegen und Kolleginnen kennengelernt, wir haben oft viel gelacht. In dieser Abteilung arbeiteten auch schon einige Ärzte und Ärztinnen mit internationaler Erfahrung. Nach für mich langen drei Monaten kamen meine Frau und mein Sohn nach. Wir waren zunächst in einer Gästewohnung der Universität untergebracht. Der berufliche Start war für mich nicht schwer. Ich brachte einige Erfahrungen mit und verfügte über eine gute Ausbildung. Mit der Zeit hat auch meine Frau eine Arbeit als Ärztin aufgenommen. Dennoch hatte ich weiterhin eine tiefe Sehnsucht nach meinem Heimatland. Ich vermisste meine Familie, Freunde und Arbeitskollegen. Auch meine eigene Praxis in Damaskus fehlte mir.

Ich bin sehr in der arabischen Kultur verwurzelt, ich liebe die arabische Musik, Literatur, Dichtung und unsere Traditionen. Daher wollte ich nicht assimiliert werden. Ich spreche zwar fließend deutsch und englisch, aber in der arabischen Sprache erkenne ich die Nuancen, in meiner

... verwurzelt und verweist
auf die Vorstellung, daß dort, wo
das Blut eines Kämpfers für sein
Land vergossen wurde, eine Tulpe
wuchse.

Muttersprache kann ich alles tiefer empfinden. Arabisch spricht meine Seele an. Als wir hier angekommen sind, haben wir zunächst auch nur arabisch gekocht.

Geplant war meine Rückkehr nach Damaskus für das Jahr 2012. Unglücklicherweise brach im Jahr 2011 der zerstörerische Krieg in Syrien aus. Es hat uns wehgetan zu sehen, wie dieses wunderschöne Land nach und nach zerstört wurde. Den Rest meiner engsten Familie konnte ich 2012 nachholen. Das Leben in Syrien wäre für uns zu unsicher geworden, unsere Tochter war gerade geboren worden. So entschieden wir uns, in Deutschland zu bleiben.

2017 wollte ich nach Syrien zurückkehren, meine Frau wollte aber hier in Sicherheit bleiben. Wir haben beide gemerkt, dass sich die Perspektive und unser Blick auf viele Facetten des Lebens inzwischen geändert hatten. Ich wollte als religiöser Muslim meine Traditionen bewahren. Meine Frau, die ich bis heute liebe, hatte sich aber verändert. Im Jahr 2018 hat sie mich verlassen mit dem Vorwurf, dass ich immer noch der gleiche Mann aus Damaskus wäre. Das stimmt. Aber es war für mich ein Schock, den ich nicht erwartet hatte. Ich fühlte mich verletzt, verlassen und sehr einsam. Als religiöser Mensch weiß ich, dass mein Schicksal vorbestimmt ist und dass ich nichts daran ändern kann. Ich mache unsere Auswanderung für diese Tragödie verantwortlich. Meine Frau hat sich mehr als ich der westlichen Kultur angepasst. In meinen Augen gibt es in Deutschland keine Gleichberechtigung von Männern und Frauen – das sehe ich im Krankenhaus fast täglich. Ich würde meine Frau niemals verletzen, aber ich kann ihr gegenüber nicht mehr freundlich sein. Der Schmerz über den Zerfall meiner Familie und dass ich die Kinder nicht sehen darf, ist einfach zu groß. Trotz dieses Traumas habe ich versucht, mein Recht, die Kinder zu sehen, zu erkämpfen. Aus vielerlei Gründen ist mir das nicht gelungen. Jede Woche schreibe ich Briefe an meine Kinder in der Hoffnung, dass sie diese Briefe – wenn nicht jetzt, dann vielleicht später – lesen werden. Eine Antwort habe ich bisher nicht erhalten. Ich bete jeden Tag, dass es meinen Kindern gut geht und dass der Kontakt zwischen uns irgendwann wieder entsteht.

Beruflich bin ich erfolgreich, das alles bedeutet mir aber NICHTS. Das Wichtigste ist für mich weiterhin meine Familie. Für mich kann nichts den Verlust meiner Kinder ersetzen. Ja, ich lebe vorwärts, allerdings kann ich rückwärts nicht alles verstehen und akzeptieren. Meiner

Ansicht nach haben viele Menschen in Deutschland die Illusion, dass sie in einer Demokratie ohne Benachteiligung leben.

Meine zweite Frau ist Deutsche. Sie ist das Beste, was ich nach meiner Trennung erlebt habe. Aus Liebe zu mir hat sie ziemlich gut Arabisch gelernt. So kann sie sich mit meiner Familie verständigen. Am Anfang kochte sie deutsche Gerichte, nachdem sie aber gemerkt hatte, dass dies für mich keinen Genuss bedeutete, begann sie, arabische Speisen zu kochen. Sie versucht, meine Kultur zu verstehen. Das alles zeigt ihre große Liebe zu mir. Meine zweite Frau ist der wichtigste Teil meiner Integration in diesem Land geworden.

Jagoda

aus Nordpolen, 54 Jahre, Krankenschwester

Freundlichkeit ist eine Sprache,
die Taube hören und Blinde lesen können.
Mark Twain

Als ich sieben Jahre alt war, starb meine Mutter an Blutkrebs. Es gab damals nicht die guten Therapien und Medikamente wie heute. Einige Jahre danach ist auch mein Vater gestorben, er war 12 Jahre älter als die Mama. So wurde ich Vollwaise. Aufgezogen hat mich meine Oma, aber als ich 16 Jahre alt war, verstarb auch sie. So bin ich in die Obhut einer Tante gekommen, was für mich keine gute Zeit war. Dass mein Vater in Auschwitz inhaftiert worden war, habe ich erst im Alter von 21 Jahren von einer Tante erfahren. Er hatte eine jüdische Familie im Keller versteckt und wurde von seiner ersten Frau denunziert, die eine Liebesbeziehung mit einem deutschen Soldaten führte. Diese erste kinderlose Ehe wurde nach seiner Befreiung im Jahre 1945 geschieden. In Erinnerung ist mir geblieben, dass er im Sommer immer weiße Hemden mit langen Ärmeln trug. Als ich 18 war, wurde ich zu einer Familienfeier, einer Taufe, eingeladen. Dort habe ich meinen heutigen Ehemann kennengelernt. Es war Liebe auf den ersten Blick. Ich kannte ihn nicht gut, wollte aber meine eigene Familie haben, mein eigenes Leben. Nach einem Jahr, nach meinem Abitur, haben wir geheiratet, ein Jahr später wurde unsere erste Tochter geboren. Das war damals nichts Ungewöhnliches, dass man in diesem Alter Kinder bekam. Ich war eine sehr glückliche junge Mama. Einmal sind wir mit dem Kinderwagen im Sommer spazieren gegangen. Ein fremder Mann schaute sich unser Haus an und fragte nach meinem Vater. Ich habe gesagt, dass er bereits gestorben sei, und fragte, wie ich ihm helfen könne. Der junge Mann war aus Israel gekommen und wollte sich bei meinem Vater für seine

„Dank deines Vaters bin ich am Leben".

damalige Rettung als jüdisches Kind bedanken: »Dank deines Vaters bin ich am Leben« – das waren genau seine Worte.

Die Eltern meines Mannes, die deutscher Abstammung sind, leben seit Jahren in Westdeutschland. Auch ein großer Teil seiner Familie hat Polen bereits verlassen. In den Achtzigern herrschte in Polen keine gute Situation, weder politisch noch ökonomisch. Viele aus meinem Jahrgang sind nach Deutschland, in die USA, nach Kanada ausgewandert. Als schwangere Frau musste ich manchmal zwei Stunden in der Kälte, bei minus 20 Grad, in der Schlange stehen, um ein Stück Butter oder Kindernahrung zu kaufen. Wir hatten schon den Traum von Deutschland als einem Land mit einer besseren Perspektiven für alle. So kam der Gedanke an Flucht. Auch war ich wieder schwanger. Mit einem 10-Tage-Visum, erteilt auf Einladung meiner Schwiegereltern, sind wir im Dezember 1989 ausgereist. Vorher haben wir alles verkauft – die Möbel, das Klavier, die Wohnung. Das Gold, welches wir dafür bekommen haben, habe ich mir für die Reise als Schmuck in mehreren Ketten, Ringen und Armbändern umgelegt. In Breslau stiegen wir in den Zug ein. Das schlimmste war die Kontrolle in Dresden. DDR-Grenzsoldaten mit Schäferhunden haben uns mit »Raus! Aussteigen!« aus dem Zug in die Kälte geschickt. Zwei Stunden lang mussten wir mit dem Kind auf dem Bahnsteig stehen bleiben. Währenddessen wurden die Abteile und unsere Koffer vermutlich nach Schmuggelware gründlich durchsucht. Vielleicht war es aber nur Schikane in der Dämmerung der DDR?

Angekommen sind wir dann in Frankfurt. Als schwangere Frau durfte ich mit unserer Tochter, die zu diesem Zeitpunkt zweieinhalb Jahre alt war, bei meinen Schwiegereltern bleiben. Mein Mann musste weiter zum Aufnahmepunkt für Spätaussiedler nach Friedland fahren. Damals kamen Tausende aus Polen, aus der Sowjetunion und aus Rumänien. Nach ungefähr einer Woche ist er mit den Papieren zurückgekommen und bald danach haben wir auch unsere neuen roten Pässe erhalten. Auf die waren wir richtig stolz. Ich war 22 und voll von dem Projekt überzeugt. Danach sind wir in ein Heim für Spätaussiedler auf ein Dorf gezogen, in ein umgebautes ehemaliges Wohnheim für Behinderte. Ich als Großstadtmensch war dort sehr unglücklich. Ich liebte die Dynamik, den Lärm und das Tempo der Großstädte, die Enttäuschung hätte nicht größer sein können.

Mit zwei kleinen Kindern haben wir also die ersten drei Jahre in diesem Heim gewohnt. Es war definitiv die schlimmste Zeit in unserem

Leben. Wir hatten für uns ein Zimmer von 9 m2. Für zwölf Familien gab es eine kleine Küche mit nur einem Herd. Es gab keine Sozialarbeiter, keine Psychologen, keine Dolmetscher, keine Unterstützung. Dafür gab es Gewalt (insbesondere gegen Frauen), Alkoholkranke und Drogen. Viele Männern haben damals angefangen zu trinken. Früher hatte ich in einem großen Einfamilienhaus gewohnt, das hier war wie ein schlechter Traum. Nach einiger Zeit wurde ich schwermütig und musste unbedingt nach Polen zurück. Ich habe meinen Mann bei den zwei Kindern gelassen und bin mit dem Bus in die alte Heimat gefahren. Das war für mich wichtig. Ich habe Freunde und Familie getroffen, innerlich Kraft getankt. Erst im Nachhinein habe ich erfahren, dass mir als schwangerer Frau eine Sozialwohnung zugestanden hätte, aber wir konnten ja die Sprache nicht. Einmal bin ich zum Wohnungsamt gegangen und habe nach einer Wohnung für uns gefragt. Ein Beamter meinte: »Kommen Sie wieder, wenn Ihr Deutsch besser wird.« Erst nach drei Jahren wurde uns eine 3-Zimmer-Wohnung zugeteilt. Relativ schnell wurden wir in Sprachkurse geschickt (die jeweils ungefähr ein halbes Jahr dauerten), zunächst mein Mann, dann ich. Im Nachhinein bin ich froh, dass wir die Zeit im Heim unbeschadet überstanden haben. Auch macht mich sehr glücklich, dass unsere beiden Kinder mittlerweile studieren konnten und gute Partner gefunden haben. Sie haben jetzt eigene Häuser und stehen beruflich und privat fest im Leben.

Mein Mann bekam eine Stelle in seinem erlernten Beruf als Elektriker, ich blieb vorerst mit den Kindern zu Hause. Es war aber für mich unvorstellbar, als Frau kein eigenes Geld zu verdienen. In Polen hatte ich als Verwaltungsangestellte bei einer Versicherung gearbeitet. Mein Abschluss wurde zwar anerkannt, ich bekam aber keine Stellenangebote. Entweder war meine Sprache noch nicht gut genug oder die Angebote waren mit der Familie nicht vereinbar. Schließlich bekam ich eine Stelle als Pflegehelferin in einem für mich komplett neuen medizinischen Bereich. Danach habe ich als Assistenz der Stationsleitung gearbeitet. Die Arbeit mit Menschen machte mir Spaß und so entschied ich mich für eine Umschulung zur Krankenschwester. Bis heute arbeite ich sehr gerne in diesem Beruf.

Mein Mann hat nach einigen Jahren eine Umschulung in einem technischen Bereich gemacht. Aus gesundheitlichen Gründen konnte er seinen alten Beruf nicht mehr ausüben. Wir mussten ganz schön dafür kämpfen, dass die Umschulung vom Arbeitsamt bezahlt wurde. Auch für mich waren die Mitarbeiter vom Arbeitsamt keine große Hilfe. Angst macht mir die Entwicklung in Deutschland, die Schere zwischen arm und reich, die immer mehr auseinanderklafft. Ich frage mich, ob wir in 20 Jahren mit unseren Renten noch gut auskommen können. Aber die Entscheidung der Emigration war gut für uns. Ich denke, die Leute in Polen stehen heutzutage unter großem amerikanischem Einfluss, d. h. sie versuchen in materieller Hinsicht viel nachzuholen. Manchmal verstehe ich diese neuen Worte, diese Anglizismen, nicht. Auch die Neureichen sind ziemlich abgehoben und manche Städte haben sich nicht zum Vorteil verändert. In Deutschland scheint es mehr Respekt unter den Menschen zu geben. Früher ging man in Polen zum Amt mit Pralinen oder Kaffee, heutzutage sind die Beamten auf den Ämtern insgesamt freundlicher.

Hier vermisse ich die polnische Gastfreundschaft, die wirklich außergewöhnlich ist. Die Polen tanzen und singen gerne. Es wird bis in den frühen Morgen gefeiert. Das kenne ich so in Deutschland nicht. Es fehlt mir auch das gute Essen. Wenn ich in Polen bin, gehe ich in die kleinen Lokale, wo es noch handgemachte Pfannkuchen oder Piroggen gibt – das ist pures Glück für mich. Glück ist auch, dass ich viel reisen kann, mit meinem Mann, mit den Kindern und Enkelkindern. Ich mag es auch einfach, über einen polnischen Markt voll Obst, Gemüse und andere, nicht abgepackte Spezialitäten zu gehen – ein aus der Kindheit bekanntes Gefühl. Früher habe ich am Meer gelebt, ich vermisse den frischen Fisch und die See, die Weite, das Rauschen. Ich vermisse meine Geburtsstadt sehr, dort bin ich oft in die Oper oder ins Theater gegangen. Als Kind habe ich eine Musikschule besucht, ich vermisse die guten Konzerte. Jetzt wohne ich in einer Provinzstadt und müsste hundert Kilometer fahren, um eine Oper besuchen zu können. Daher schaffe ich es nur selten, was natürlich sehr schade ist. Zu Hause habe ich immer polnisch gekocht, meine Kinder lieben manche Gerichte sehr, insbesondere Hefekuchen, spezielle Mehlklöße oder Milchsuppe mit Einlage, alles was ich aus der Kindheit kenne.

Ich fühle mich gut integriert. Wir haben viele nette deutsche Bekannte, wir treffen uns, kochen gemeinsam. Meine besten Freundinnen kommen aus Polen, von ihnen fühle ich mich am besten verstanden. Nach dem Tod seiner Eltern hat mein Mann in Polen ein Grundstück am See gekauft. Er fährt oft dorthin und ich denke, später wird er auch für länger in Polen bleiben. Für mich ist klar, dass ich bei meinen Kindern und Enkelkindern bleiben möchte. Mein Leben und meine Familie sind hier. Wir wollten uns von Anfang an diesem Land anpassen. Jetzt nach all den Jahren fühle ich mich hier zu Hause.

Aram

aus Moskau, 42 Jahre, Arzt

»Die Zufälle sind nicht immer rein zufällig.«

Ich bin in Armenien geboren. Als ich sieben Jahre alt war, habe ich mich mit meinem Großvater in seinem riesigen Garten aufgehalten. Plötzlich merkte ich, dass sich die Erde neben meinen Füßen bewegte. Mein Opa sah sofort, dass auf uns, direkt auf meine Füße, geschossen wurde! Wir haben die Angreifer klar erkennen können. So fing für mich der erste Krieg zwischen Armenien und Aserbaidschan um Bergkarabach an. Die gängige Meinung ist, dass Russland beiden Seiten Waffen geliefert hat. Ein verletzter Bekannter ist in unserem Auto auf dem Weg ins Krankenhaus gestorben, alles war voll Blut. Berg-Karabach bedeutet »Schwarzer Garten«. Vor Jahren wurde das Gebiet verbrannt, aus Rache, weil Perser und Osmanen die Region nicht besiegen konnten. Die Natur kam aber wieder, noch prachtvoller als zuvor. Am Anfang des Krieges sind wir mit der ganzen Familie nach Moskau geflüchtet. Als ich und mein Bruder in Moskau Passagierflugzeuge hörten, sind wir geflüchtet und haben uns versteckt. Wir hatten panische Angst. In den Kriegen zwischen 1988 und 1994 sind ungefähr 5000 junge Armenier umgekommen.

In der ganzen Welt leben ungefähr 10 Millionen Armenier, davon über 3 Millionen in der Republik Armenien. Seit Jahrhunderten gibt es armenische Gemeinschaften im Iran und in Georgien. Viele Armenier leben in USA (etwa 1,5 Millionen), in Frankreich (ca. 50 000), im Libanon, in Syrien und in der Türkei. Wir sind die erste christliche Nation in der Geschichte. Die armenische Kirche zählt – wie die Kopten und Äthiopier, die syrische Kirche und die indischen Thomas-Christen – zu den sogenannten altorientalischen Kirchen. In Deutschland gibt es mehrere armenische Kirchen, die Diözese ist in Köln angesiedelt. Unsere Kirchen bleiben immer offen, auch in der Nacht. Der 24. April ist

Waffenruhe

unser Gedenktag an den Genozid der 1,5 Millionen Armenier im Jahr 1915. Es wäre wichtig, dass, ähnlich wie in Frankreich, die Leugnung dieses Völkermordes unter Strafe gestellt wird. Das würden wir uns sehr wünschen.

Im Jahr 2006 kam ich nach Deutschland. Es war reiner Zufall, nichts war geplant. In Moskau hatte ich eine Frau kennengelernt, die einen Austausch von Medizinern und Medizinerinnen zwischen Russland und anderen Ländern organisierte. Kurzerhand habe ich mich ins Flugzeug gesetzt und bin in Hamburg gelandet. Mein erster Eindruck von der Stadt? Ich bin in der Provinz angekommen! Abends war fast alles geschlossen, nur wenige Menschen hielten sich auf den Straßen auf. Die Kulturangebote waren für meine Begriffe eher eintönig und rar. Die Energie aus Moskau war hier eindeutig nicht vorhanden. Ich begreife mich als Großstadtmensch und orientiere mich entsprechend. In Russland interessieren sich breite Massen für die Kultur, ganz einfache Menschen gehen in die Oper oder in Ballettvorstellungen. In Hamburg empfand ich die Besucher der Oper oder Philharmonie als ziemlich elitär.

Deutschland ist ein sicheres Land, man hat im Arztberuf gute Arbeitsbedingungen. Es stört mich allerdings, dass Menschen hier offenbar nur leben, um zu arbeiten. Das ganze Leben ist verplant. Die meisten berichten, dass sie sich nach ihrer Pensionierung ein richtig schönes Leben machen werden. Das ist nicht mein Ziel, ich will im Jetzt gut leben und keine Wünsche auf später vertagen. Die Menschen hier erachte ich als zurückhaltend, manchmal zu distanziert. Insgesamt finde ich die Menschen in Süddeutschland und Mitteldeutschland provinzieller als im Norden.

Als ich ungefähr zehn Jahre alt war, kaufte mir mein Vater viele gute Bücher. So bin ich zum Lesen gekommen. Solange ich Menschen treffe, mit denen ich mich über die Literatur unterhalten kann, fühle ich mich angekommen. Meine Frau ist auch Armenierin, ich habe sie zufällig in einem Moskauer Krankenhaus kennengelernt. Doch der Buddhismus lehrt uns, dass Zufälle nicht zufällig sind. Mit unseren Kindern sprechen wir zu Hause russisch. Sie sollen international aufwachsen.

Ich bin kein Materialist, die Konsumgesellschaft lehne ich ab. In Skandinavien beispielsweise steht der Mensch im Mittelpunkt. Die Lebensqualität, der Zusammenhalt der Familie und Respekt den alten Menschen gegenüber sind mir wichtig. Ich fand und finde immer noch, dass die persönliche Freiheit in Deutschland ziemlich eingeschränkt ist. Auch die Medien berichten eher einseitig. Zugegeben, das enttäuscht mich. Ich habe Sehnsucht nach Moskau. Unsere Freunde und die Verwandten leben dort und in Armenien. Meine Großmutter wollte in Armenien bleiben, in ihrem Haus mit Garten. In Armenien wurden auch alle unsere Kinder getauft. Dort sind unsere Wurzeln. Meine Familie plant, aus Deutschland auszuwandern. Wir hoffen, in einem anderen Land ein glücklicheres, freieres und entspannteres Leben zu führen.

Dankwart

in Bukarest aufgewachsener Deutscher, 62 Jahre, Ökonom

Abgeschlossen, aber nicht vergangen.

Bukarest, Juni 1973: Ein pubertierender Junge besteigt mit seiner Familie ein Flugzeug nach Frankfurt am Main. Er wird sein Herkunftsland viele Jahre nicht wiedersehen. Seitdem er erfahren hat, dass er auswandern wird, freut er sich mit kindlicher Naivität auf das neue Land: Endlich darf er sich die Haare lang wachsen lassen, gute Musik wird es dort auf richtigen Schallplatten geben, nicht als verrauschte Radiomitschnitte auf Tonband (gab es damals schon Kassettenrekorder?) – und überhaupt ist dort so etwas wie das Paradies. So ungefähr die Vorstellung des Dreizehnjährigen.

Ich weiß nicht, ob damals der Begriff »Migrant« geläufig war (obwohl es ja schon Emigranten und Immigranten gab). Ich kannte ihn jedenfalls nicht und im Sprachgebrauch meiner Familie kam das Wort auch nicht vor. Wir sahen uns als »Spätaussiedler«, »Spätheimkehrer« oder gleich »Vertriebene«. »Spätaussiedler« und »Spätheimkehrer«, das klingt ein bisschen wie »zu spät gekommen«, darum weiß ich bis heute nicht, wieso diese Begriffe so gern zur Selbstbezeichnung genutzt wurden. Vielleicht weil »Spätaussiedler« auch der offizielle Terminus für jene Personengruppe war, der ich ohne mein Zutun, aber nicht unfroh, angehörte. Der Begriff des »Spätheimkehrers« war mir schon damals nicht verständlich, nicht weil er ebenso nebulös und ideologisch aufgeladen ist wie der erste, sondern weil ich gewiss nicht »heimgekehrt« war. Ich war für meine Begriffe, damals wie heute, in ein anderes Land »gezogen« und nicht »heimgekehrt«. Das Land, in das ich »heimgekehrt« war, kannte ich überhaupt nicht. Es war mir – obwohl ich die Sprache des neuen Landes besser sprach als die des alten – vollkommen fremd. Hier war fast alles anders. Was konnte das mit »Heimkehr« zu tun haben?

Letztendlich galten wir als »Vertriebene«. Ich erinnere mich, dass mein Vater ganz stolz auf dieses amtliche Stück Papier war, das ihn als Vertriebenen auswies. Dass wir Vertriebene sein sollten, wollte mir schon damals nicht in den Kopf. Alle, von denen ich weiß, mich und meine Familie eingeschlossen, sind freiwillig gegangen, niemand wurde vor die Wahl zwischen einem schlimmen Schicksal und einer Ausreise gestellt, alle wollten nichts lieber als nach Deutschland ausreisen, viele mussten jahrelang Gesuche schreiben, Anträge stellen und auf die Ausreiseerlaubnis warten. Wie konnte jemand von ihnen sich als vertrieben verstehen? Die massenhafte Ausreise der Rumäniendeutschen nach 1989, als ihnen der rumänische Staat bei der Ausreise keine Hindernisse mehr in den Weg legte, spricht für sich.

Wie auch immer, wir waren gekommen, um zu bleiben. Migranten also, auch wenn wir keinen Begriff davon hatten. Eine Art Edelmigranten, keine Flüchtlinge: Wir ließen unsere Möbel per Spedition nach Deutschland bringen, wir reisten im Flugzeug von Bukarest nach Frankfurt, wir wurden freundlich empfangen, wir wurden von Amts wegen versorgt und umsorgt. Es wurde uns nicht verboten, eine Arbeit aufzunehmen, wir konnten uns frei bewegen und dort niederlassen, wo wir wollten. Diese Erinnerungen vergleiche ich immer wieder mit den Schwierigkeiten, mit denen nichtdeutsche Migranten heute zu kämpfen haben.

Und nach ein paar bürokratischen Formalitäten waren wir auch schnell deutsche Staatsbürger. Ich auch. Aber ich fiel auf: Zunächst durch meine Sprache, denn ich sprach zwar grammatisch korrekt, aber mit einer hierzulande unbekannten Einfärbung, gespickt mit Begriffen und Wendungen, die entweder aus dem Siebenbürgischen Sächsisch, aus dem Österreichischen oder aus dem Rumänischen stammten. Dass »Topfen« nunmehr Quark hieß, »Paradeis« Tomaten, »Mehlspeisen« Kuchen, »Kratzewetzen« Gurken usw., daran musste ich mich gewöhnen. Ich rollte das »R« wilder als jeder Franke, zog manche Vokale in die Länge, sprach »e« und »o« offener aus als hierzulande, sagte nicht »Benzin«, sondern »Bensin«, in dem das »s« wie in »Sendung« klingt. Ich fiel also auf. Meine Mitschüler und Freunde hatten es schwer, mich einzuordnen. Ich kam aus dem Ausland, trotzdem konnte ich deutsch. Ich sprach ein fremdartiges Deutsch, trotzdem schrieb ich in der neuen Klasse gleich das beste Deutschdiktat. Da es damals auf dem Gymnasium noch keine Migrantenkinder gab, war ich der einzige Vertreter dieser Spezies – und eine nicht den Erwartungen entsprechende, schwer zu kategorisierende dazu.

Ich erinnere mich, dass mir anfangs die Kinder in Deutschland sehr brav vorkamen. In Rumänien hatten wir unseren Lehrern und überhaupt den Erwachsenen gerne Streiche gespielt – harmlose, aber unterhaltsame. Wir hatten ständig Flausen im Kopf, in der Schule und auch sonst. Auf dem Heimweg von der Schule marschierten einmal zehn von uns im Abstand von einigen Metern hintereinander her und fragten alle denselben Erwachsenen, der uns entgegenkam, nach der Uhrzeit. Wohl schon der fünfte von uns kam nicht mehr dazu, die Frage zu stellen. Im neuen Land war das anders. Zu meinen Erinnerungen gehört, wie ich einem Jungen, mit dem ich mich angefreundet hatte, vorhielt, wie still und brav unsere Mitschüler seien. Ich weiß nicht mehr, was er geantwortet hat. Vermutlich kam ihm meine Vorhaltung befremdlich vor.

Fremd war ich aber nicht erst in Deutschland, sondern schon in Bukarest gewesen. Für viele Rumänen war ich eine Art Exot, ein »Fritz«, wie sie mich manchmal bezeichneten. Ich ging nicht auf eine rumänische, sondern auf eine deutsche Schule, sprach Rumänisch hörbar als Fremdsprache, las deutsche Bücher (daran, rumänische Bücher gelesen zu haben, kann ich mich nicht erinnern). Obwohl Rumänien im Zweiten Weltkrieg selbst an der Seite Nazideutschlands gekämpft hatte, war den Rumänen in den Jahren danach eine antifaschistische und antideutsche Haltung eingebläut worden. Die bekam ich manchmal – nicht feindselig, sondern eher das Fremde betonend – zu hören und zu spüren.

Ich kannte dieses Gefühl des Fremdseins, das ich in den ersten Jahren in Deutschland empfand, also schon aus meinem Herkunftsland – dort war ich aber sehr erstaunt darüber, denn ohne einen Begriff von Heimat zu haben, begriff ich in kindlicher Manier Rumänien damals als mein Heimatland. In Deutschland erlebte ich Fremdheit nun auf andere Weise. Hier erstaunte mich dieses Gefühl aber weniger, auch wenn es mir nicht gefiel. Ich wollte ja dazugehören. Also setzte ich alles daran, nicht mehr aufzufallen – die typische Migrantengeschichte des Anpassens und Akklimatisierens. Andere aus Rumänien haben sich in Nostalgievereinen zusammengefunden – gut, wenn sie nur nostalgisch obsolete Bräuche gepflegt haben und nichts Schlimmeres. Mich hat noch nie etwas zu die-

sen Vereinen gezogen. Die alte Welt der Kindheit ist mir völlig fremd geworden.

Auch meine Freunde habe ich nicht unter anderen Rumäniendeutschen gesucht. Manchmal habe ich solche Landsleute kennengelernt (sie waren leicht an ihrer Aussprache zu erkennen), ohne dass es zu länger währenden Bekanntschaften gekommen wäre. Anders als viele Menschen in ähnlicher Lage habe ich nicht nach einem Freundeskreis gesucht, der meine Herkunft teilt.

Und trotzdem habe ich nach vielen Jahren der Stille Bukarester Schulkameraden wiedergetroffen. Mit einigen von ihnen – interessanterweise mit denen, die schon im Kindesalter meine besten Freunde waren – verbindet mich heute wieder eine Freundschaft, auch wenn sie inzwischen in aller Welt verstreut, weder in Deutschland noch in Rumänien, leben.

Ich musste – und wollte – also meine Sprache verändern und lernen, das »R« nicht mehr zu rollen und die Worte so auszusprechen, wie es hierzulande Usus war. Ich war gerade noch jung genug, damit mir das gelingen konnte. Nach rund zwei Jahren war dieser Prozess im Wesentlichen abgeschlossen. Der wichtigste Anpassungsschritt war mir gelungen! Ich erinnere mich, wie sehr es mich damals geärgert hat, wenn mir gesagt wurde, ich sei doch kein Deutscher. Ich wollte unbedingt dazugehören. Heute ist es mir übrigens egal, was die Leute sich denken, aber in dieser ersten Phase war es noch ganz anders.

Irgendwann, unmerklich und nur im Rückblick erkennbar, nach ein paar Jahren, war meine Migrationsgeschichte dann abgeschlossen. Ich merkte nicht mehr, dass ich fremd war, weil die anderen, die in Deutschland Geborenen, es auch nicht mehr merkten. Die Erinnerungen an mein Leben im Herkunftsland wurden immer blasser (verschwanden aber nie), die dort erworbenen kulturellen Techniken machten den neu erworbenen Platz. Ich hatte mich erfolgreich angepasst. Das mag der Tatsache geschuldet sein, dass ich noch ein Kind war, als ich nach Deutschland kam. Meinen Eltern fiel die Anpassung sicher sehr viel schwerer. Aber sie waren ja auch schon Mitte 40, als sie nach Deutschland kamen.

Und so löst es manchmal Erstaunen aus, wenn ich heute erzähle, dass ich nicht in Deutschland geboren bin. Das hat manchmal eine tragikomische Seite. Einmal wurde ich von einer überraschten Arbeitskollegin gefragt: »Aber Sie sind doch … Sie sind doch Arier?« Sie, die doch nach der Nazizeit geboren war, konnte sich in diesen alten Kategorien am besten ausdrücken.

So wie in ihrem Fall die Vergangenheit abgeschlossen, aber nicht endgültig vergangen ist, so löscht auch der Abschluss der Migration meine Migrationsgeschichte nicht aus – etwas bleibt erhalten. Die Erfahrungen, die ich in Rumänien – wenn auch als Kind – gesammelt hatte, waren Teil meines Lebens und unterschieden mich eben doch – mit zunehmendem Alter allerdings immer weniger und von anderen immer weniger bemerkbar – von denen, die hierzulande geboren waren.

Ich hatte die Erfahrung gemacht, dass Menschen auch anders leben können als hierzulande, dass sie anders lachen, trauern, singen können, kurz, dass es andere Formen des Zusammenlebens, andere gesellschaftliche Konventionen gibt als die, die in Deutschland gelten (die sich ja selbst wiederum im Laufe der Zeit verändern). Das habe ich immer als Bereicherung empfunden, auch wenn ich mich davon emanzipiert habe – im Guten wie im Schlechten.

Eine emotionale Verbindung zu meinem Herkunftsland habe ich heute im Alltag nicht mehr. Rumänien ist für mich nicht Heimat, auch nicht ehemalige Heimat, eher betrachte ich es als mein Geburtsland. Ich habe keine Sehnsucht nach diesem Land. Und doch war ich erfreut und aufgeregt, als ich nach vielen Jahren Bukarest besucht habe. So fremd mir die Stadt geworden war, so bekannt kamen mir viele Orte und Gebäude vor. Nur eins hatten sie gemeinsam: Sie waren geschrumpft. Als kleiner Junge kamen sie mir viel größer vor als beim Wiedersehen nach vielen Jahren.

Ich habe mich lange nicht mehr mit diesem Teil meiner Lebensgeschichte beschäftigt. Der Herausgeberin dieses Buches schulde ich daher Dank. Ihrer Anfrage verdanke ich, dass ich nach vielen Jahren die Episoden, aus denen meine Migrationsgeschichte besteht, in einer Lebensphase verdichtet und zusammengefasst habe, in der sie für mein heutiges Leben kaum noch eine Rolle spielen.

Rabia

aus Ankara, Kurdin, 33 Jahre, Angestellte

Es ist gut, sich aus den Verhältnissen herauszulösen,
die einem die Luft nehmen.
Paula Modersohn-Becker

Im Jahr 2006 machte ich in der Türkei mein Abitur. Gleich danach hat mich meine Familie mit dem Sohn einer befreundeten Familie aus Ankara bekannt gemacht. Der junge Mann lebte mit seinen Eltern in Deutschland. Ich fand ihn sympathisch und nach nur vier Monaten haben wir geheiratet. Bei meiner Hochzeit war ich 18 Jahre alt. Meine liebe Schwester lebte bereits seit einigen Jahren in Deutschland. Sie führte dort eine glückliche Ehe und hat mich zu dem Schritt ermutigt, zu heiraten. Drei Monate später bin ich nach Deutschland geflogen. Deutsch habe ich noch nicht beherrscht, gleichwohl hoffte ich, schnell die neue Sprache lernen zu können. Am Flughafen merkte ich, dass mein Mann sich ganz anders als in der Türkei verhielt. Schon damals, am ersten Tag in Deutschland, wusste ich, dass meine Ehe nicht halten würde.

Mein Mann lebte zusammen mit seiner Familie in einem Haus. Die Familie war religiös, als Frau hatte ich eindeutig einen geringeren Wert als die Männer. Das konnte ich für mich nicht akzeptieren. Im Familienkreis wurde verlangt, dass ich schnell schwanger würde. Es war meine Aufgabe und erste Pflicht, Kinder in die Welt zu setzen. Dabei war ich doch noch so jung! Tatsächlich wurde ich sofort schwanger und mit 19 Jahren Mutter eines Sohnes. Ich durfte noch nicht einmal mitentscheiden, wie mein Kind heißen sollte. Nach eineinhalb Jahren wurde unsere Tochter geboren. Meine Aufgabe war es, den Haushalt zu führen, zu kochen, zu putzen und die Kinder zu versorgen. Mein Mann arbeitete damals an seiner Doktorarbeit. Aber meine Versuche, Deutsch zu lernen und einen Sprachkurs zu besuchen, wurden strikt abgelehnt. Zum Arzt

konnte ich nur mit jemandem gehen, der übersetzte. Ich musste so viel arbeiten, dass für mich selbst keine Zeit übrigblieb.

Es war eine merkwürdige Familie, die sich gegenüber anderen Menschen stets für etwas Besseres hielt. Sehr schnell wurde ich schlecht behandelt. Alles, was ich machte, war falsch. Beleidigungen, Schläge, physische und psychische Gewalt waren an der Tagesordnung. Ich hatte keine Hoffnung mehr, dass mein Leben sich ändern könnte. Einmal wurde ich so geschlagen, dass ich nicht mehr laufen konnte. Ich wollte in die Klinik, aber das wurde abgelehnt. Nach einigen Tagen, als ich weiterhin nicht laufen konnte, hat mein Mann mich doch in die Klinik gebracht. Erzählt wurde, dass ich von einer Treppe gestürzt sei. Heute weiß ich, dass Ärzte meistens erkennen können, ob Verletzungen durch häusliche Gewalt entstanden sind. Ich konnte mich damals aber nicht verständigen, war verzweifelt und suchte Hilfe bei meinen Eltern. Wir Kurden sind sehr traditionell, eine Scheidung ist eine Schande. Meine Eltern forderten mich also auf, durchzuhalten und zu versuchen, für meine Rechte zu kämpfen. Eine Trennung wäre für meine Familie undenkbar gewesen. Mein Mann und seine Familie drohten mir: »Wenn du in die Türkei zurückgehst, musst du die Kinder und deinen Pass hierlassen.« So habe ich widerwillig weitergemacht. In dieser Zeit habe ich keine anderen Menschen kennengelernt, alleine durfte ich das Haus nicht verlassen. Zu den Nachbarn hatte ich keinen Kontakt.

Nach vier grausamen Jahren habe ich meine Kinder in den Arm genommen und bin einfach geflüchtet. Eigentlich wollte ich zur Polizei, aber ohne mich verständigen zu können, habe ich mir diesen Schritt nicht zugetraut. Zum Glück konnte ich meine Schwester anrufen. Zunächst wollte sie mich nicht aufnehmen, merkte aber, dass ich dringend Hilfe benötigte. Ohne die Hilfe meiner Schwester wäre ich vermutlich zu meinem Mann zurückgekehrt. Ich hatte kein Geld, beherrschte die Sprache nicht und hatte zwei kleine Kinder, drei und eineinhalb Jahre alt. Wie sollte ich es in einem fremden Land alleine schaffen?

Meine Schwester hat dann auf meine Kinder aufgepasst, so dass ich eine Arbeit aufnehmen und mein eigenes Geld verdienen konnte. Mithilfe meines Schwagers fand ich einen kleinen Job. Ich habe in der Küche eines griechischen Lokals gearbeitet. So fing ich an, im Alltag Deutsch zu lernen. Die griechische Familie war sehr nett zu mir, wie eine eigene Familie. Ich fand sie sehr offen und tolerant. Sie haben meinen Kindern Geschenke zu Weihnachten gemacht, es war alles sehr liebevoll. Mein kurdischer Name war für meine Arbeitgeber schwer auszusprechen, also nannten sie mich »Eleni«. Später habe ich im Lokal gekellnert und konnte etwas mehr Geld verdienen. Insgesamt habe ich vier Jahre dort gearbeitet. In dieser Zeit hat meine Familie monatlich 800 Euro zur Verfügung gehabt. Mein Mann hat freiwillig keinerlei Unterhalt gezahlt. Obwohl ich es immer wollte, hat er keinen Kontakt zu den Kindern gesucht.

Zunächst ging ich mit einem Wörterbuch zum Arzt. Ich fing an, in die neue Sprache mehr und mehr einzutauchen. Schließlich konnte ich vieles allein bewältigen. Nach einiger Zeit bin ich in die Stadt umgezogen. Ich wollte nicht mehr, dass meine Schwester weiterhin auf meine Kinder aufpassen musste, denn eigentlich brauchte auch sie eine Arbeit. Ich wollte meine Schwester nicht mehr mit meinen Angelegenheiten belasten. Sie hatte bereits so viel für mich getan. In der Stadt war ich anfangs auf mich allein gestellt. Ich fand keine Integrationsangebote und kannte keine Beratungsstelle, wo ich hätte hingehen können. Aber ich fing an, in einem Bistro zu arbeiten, was fast rund um die Uhr geöffnet hatte. Nach drei Monaten bin ich stellvertretende Küchenchefin geworden. Zusätzlich musste ich alles rund um die Schule und den Kindergarten für meine Kinder organisieren. Einen Führerschein besaß ich nicht und erst recht kein Geld für ein Auto. Wir haben alles zu Fuß oder mit dem Bus erledigt. Nach zehn Jahren hat mein Chef Suizid begangen. Danach konnte ich nicht mehr dort arbeiten. Ich war selbst depressiv und konnte diesen Verlust lange nicht verkraften.

Danach habe ich in einer anderen Firma gearbeitet. Die Kinder wurden größer und auch die Ausgaben wuchsen. Ich habe immer zwei Jobs gleichzeitig gehabt. Daher bin ich froh, dass meine Kinder sehr schnell selbstständig wurden. Im Jahr 2018 wollte ich eine Ausbildung bei der Deutschen Post machen. Parallel kam durch einen engen Freund das Angebot, in einer Firma einen guten Job zu bekommen. Der Anfang war nicht leicht und ich war sehr unsicher, denn meine Sprache war noch immer nicht perfekt. Ich wurde auch nicht sofort durch die anderen Mitarbeiter akzeptiert, denn ich hatte nicht die gleiche Berufserfahrung und Ausbildung wie die anderen. Es war ein ziemlicher Kampf, akzeptiert und anerkannt zu werden. Aber mit der Zeit habe ich das alles doch geschafft.

Alltagsrassismus habe ich keinen erfahren. Insgesamt empfinde ich Deutschland als ein offenes und tolerantes Land. Ich selbst bin auch immer offen für die anderen Menschen in diesem Land. Mittlerweile kann ich gut Deutsch und habe mich als Mutter immer in der Schule oder den Kindergarten engagiert. Meine Minderwertigkeitskomplexe habe ich längst abgelegt.

Ich würde nicht mehr zurück nach Ankara gehen wollen. Unser Platz ist hier. Meine Tochter hat nur deutsche Freundinnen, mein Sohn eher ausländische Freunde. Wir fühlen uns hier zu Hause. Manchmal fahre ich zu meinen Eltern in die Türkei. In muss gestehen, dass mir das Land in den ersten Momenten fremd erscheint. In Deutschland vermisse ich meine Familie und meine Freunde. In der Türkei haben die Menschen zwar häufiger finanzielle Sorgen, wirken aber trotzdem glücklicher und entspannter. Im Sommer sehe ich hier am Abend keine Menschen auf den Straßen. In der Türkei dagegen fängt das wahre Leben erst am Abend an. Das Klima ist ganz anders, man trifft Freunde in der Stadt, die Lokale haben lange auf und die sozialen Kontakte sind einfacher und herzlicher.

Meine Kinder sind meine besten Freunde. Wir haben keine Geheimnisse voreinander, alle Entscheidungen werden gemeinsam getroffen. Momentan wollen sie keinen Kontakt zum Vater. Ich würde mich aber freuen, wenn eine Bindung entstehen würde. Vor kurzem hat mein Ex-Mann wieder geheiratet. Meistens wollen die neuen türkischen Frauen nicht, dass der Kontakt zu der ersten Familie besteht.

Vor einigen Monaten habe ich ein Haus gekauft. Ich weiß, ich habe jetzt eine Menge Schulden und es ist eine große Herausforderung, alles zu renovieren und zu erhalten. Aber ich finde, meine Kinder haben es verdient, in einem eigenen Haus zu leben. Wir kochen zu Hause oft türkisch oder italienisch – auch griechisch, das habe ich ja wirklich gut gelernt.

Antonello

aus Turin, 55 Jahre, Kellner

Du und Ich: Wir sind Eins.
Ich kann Dir nicht wehtun,
Ohne mich zu verletzen.
Mahatma Gandhi

Geboren bin ich in Norditalien, dort habe ich auch meine frühe Kindheit verbracht. Alle Angehörigen meiner engsten Familie waren in der Gastronomie tätig. Die Vorfahren meines Vaters haben noch in den Bergminen gearbeitet, mütterlicherseits waren sie Gärtner und Bauarbeiter. Mein Vater hatte aber immer eine tiefe Sehnsucht nach seiner Heimat Sardinien. Das war ständig ein Thema zwischen meinen Eltern: Das Wetter ist besser, die Menschen sind im Süden herzlicher und das Meer ist sowieso das schönste der Welt! So haben meine Eltern beschlossen, dorthin zurückzukehren. Ich war damals acht Jahre alt. Nach der Schule wurde ich schnell als Gastronom ausgebildet und habe im Familienbetrieb ausgeholfen. Das Problem in Süditalien ist aber, dass man außerhalb der Touristensaison keine Arbeit findet. Folglich war die Situation für mich nicht besonders stabil.

Im Alter von 27 Jahren bin ich daher nach Rom umgezogen. Von dieser Entscheidung hatte ich mir bessere berufliche Perspektiven versprochen. Das Arbeitsleben in der Hauptstadt war am Anfang auch tatsächlich attraktiver und lebendiger. Mit der Zeit haben sich die Arbeitsbedingungen in Rom jedoch verschlechtert, die Löhne wurden kontinuierlich niedriger. Im Winter gab es kaum Arbeit für uns. So haben ich und meine damalige Frau entschieden, vorerst zurück nach Sardinien zu gehen.

In Deutschland lebte schon lange der Bruder eines Nachbarn. Er vermittelte uns hier eine Arbeit in einem italienischen Eiscafé, das mitten in einem Einkaufszentrum lag. Endlich hatten wir eine feste, gut bezahlte Arbeit rund ums Jahr gefunden – unsere Freude hätte nicht größer sein können!

Mein erster Eindruck von dem Land war sehr positiv. Ganz leicht war es nicht, denn ich habe meistens 12–13 Stunden gearbeitet. Die Firma wuchs und nach anderthalb Jahren sind wir zu einer neuen Filiale nach Berlin umgezogen, wo ich mittlerweile seit über 21 Jahren lebe.

Ich habe die deutsche Sprache alleine gelernt – im Alltag, während meiner Arbeit, ohne Kurse oder sonstige Unterstützung. Für meine Integration hat niemand gesorgt. Ich habe mit Kolleg/innen aus Portugal, Weißrussland und Italien zusammengearbeitet. Gegenseitig haben wir uns Ratschläge und Tipps gegeben und unsere Integration auf diese Weise in die eigenen Hände genommen. Dieser Austausch war enorm wichtig. Es war für mich selbstverständlich, dass ich die Sprache schnell lernen musste. An meinem Beruf mag ich die Kontakte mit den Gästen, die Gespräche, den Gedankenaustausch – das ist eine sehr anregende Tätigkeit.

Auch in meinem Bekanntenkreis gibt es viele Menschen mit internationaler Erfahrung. Meine Lebensgefährtin kommt zum Beispiel aus Polen. Bereits in Italien hatte ich viele Menschen aus Polen kennengelernt, die in den achtziger Jahren aus politischen oder ökonomischen Gründen ausgewandert waren.

Die Emigration war für mich positiv. Ich mochte von Anfang an das neue Leben, neu zu denken und zu fühlen, die neue Art im Alltag. Ich bewundere in Deutschland die Pünktlichkeit und den Fleiß. Ich möchte jetzt keine Vorurteile bestätigen, aber manchmal war mir die Lebenseinstellung in Italien zu locker. Ich schätze die Strukturierung der Menschen hier. Die andersartige Mentalität habe ich stets als eine große Bereicherung empfunden. Mein Eindruck ist, dass die junge Generation hierzulande inzwischen noch offener geworden ist.

Aus meiner Heimat vermisse ich meine große Familie und alte Freundschaften. Viele aus meinem Freundeskreis sind früher als ich nach Deutschland, in die Schweiz oder nach England ausgewandert. Nach 37 Jahren habe ich per »WhatsApp« eine Nachricht von einem alten Freund erhalten: »Ein Freund bleibt immer ein Freund.« Nach ein paar Wochen wollte ich ihn kontaktieren und habe dann bei der Suche erfahren, dass er kurz zuvor gestorben ist. Ich war sehr lange traurig.

Was ich hier vermisse, sind die Spontaneität und die Gastfreundlichkeit. Vielleicht fühle ich mich in Italien daher ein Stück freier? Ich hatte einen guten deutschen Freund, der aber leider mit seiner Familie in die USA ausgewandert ist. Manchmal wünsche ich mir herzlichere Kontakte mit den Nachbarn. Wir sind in Italien grundsätzlich offener, trinken zum Beispiel mal spontan zusammen einen Kaffee oder Aperitiv. Vor einigen Jahren wurde ich sehr melancholisch: Ich verspürte eine tiefe Sehnsucht nach Sardinien und meiner Familie. Also habe ich schnell ein Flugticket gebucht und bin in die alte Heimat geflogen. Es muss schlimm sein, wenn Menschen das aus politischen Gründen nicht dürfen.

Nach vielen Jahren, in denen ich mich in Deutschland etabliert hatte, wurden die Kontakte zu meiner großen Familie in Italien wieder intensiver. Natürlich denke ich oft an mein Herkunftsland, es bleibt für mich aber offen, wo wir in Zukunft leben wollen: in Rom oder auf Sardinien? Vermutlich teils in Deutschland und teilweise in Italien. Ich bin wahrhaft stolz, ein Italiener zu sein und liebe meine Heimat. Ich fühle mich an verschiedenen Orten wohl, in Deutschland und in Italien.

Meiner Meinung nach werden wir als Italiener und Italienerinnen in Deutschland meistens gut akzeptiert und gemocht. Ich habe nie Erfahrungen mit Alltagsrassismus gemacht. Auch mit der Mentalität hier habe ich nie Probleme gehabt. Mein Sohn ist in Berlin groß geworden und komplett integriert. Er macht gerade sein Studium, seine Freunde kommen aus verschiedenen Ländern. Religion, Herkunft, sexuelle Orientierung oder Hautfarbe sind ihm egal. Das macht mich sehr stolz. Da unterscheiden wir uns nicht voneinander. Religion spielt für mich keine große Rolle. Als Kind oder junger Mann habe ich die kirchlichen Rituale mehr oder weniger nur aus Gewohnheit mitgemacht. Religiösen Fanatismus lehne ich kategorisch ab.

Ich möchte nochmals betonen, dass ich für mein Leben hier dankbar bin. Mit dem, was ich erreicht habe, bin ich sehr glücklich. Die meisten meiner Wünsche sind in Erfüllung gegangen.

Anna

aus Westpolen, 47 Jahre, Ärztin

Was man verstehen gelernt hat,
fürchtet man nicht.
Marie Sklodowska-Curie

Als Kind war ich sehr gut in der Schule. Schon früh träumte ich davon, im Westen zu studieren, ein interessantes, ganz anderes Leben voller Glanz und mit beruflichem Erfolg zu führen. Ich wollte eine internationale Karriere machen. Mein Vater arbeitete im Ausland, materiell fehlte uns nichts. Es war eher der Wunsch nach einem neuen Leben und besseren beruflichen Perspektiven, die zu diesem Zeitpunkt für uns ganz klar im Westen lagen. Die achtziger Jahre waren in Polen politisch gesehen äußerst düster. Es herrschte ein Gefühl der Perspektivlosigkeit. Das hat mich als Kind sehr geprägt. Zu diesem Zeitpunkt emigrierten viele Menschen nach Westeuropa, in die USA, nach Kanada oder Australien.

Als ich 1991 die Möglichkeit bekam, in Ostdeutschland auf ein Gymnasium zu gehen, habe ich die Chance auf Veränderung in meinem Leben sofort ergriffen. Wir polnischen Schüler und Schülerinnen wohnten in einem Internat. Auf unser Wohnheim wurde einmal ein Brandanschlag verübt und in der Schule wurde – wenn die Lehrkräfte es nicht hören konnten – aus den hinteren Bänken »Ausländer raus!« gerufen. Es war das Jahr, wo in einigen Städten Ostdeutschlands »Ausländerfreie Zonen« ausgerufen wurden. Die Berichte über die Anschläge auf die Asylheime haben mich sehr schockiert.

Wir hatten Angst und wenig privaten Kontakt zu unseren deutschen Mitschülern und Mitschülerinnen. Am Wochenende bin ich meistens nach Hause gefahren. Ich hatte trotz der fremden Sprache sehr gute Noten. Nach einiger Zeit habe ich dem Leiter des Gymnasiums meinen Wunsch, in Deutschland Medizin zu studieren, mitgeteilt. Er wollte mich vehement davon abbringen, behauptete, dass in Deutschland nur Kinder reicher Eltern Medizin studieren könnten. Außerdem würde ich es allein sprachlich sowieso nicht schaffen. Dennoch habe ich die Aufnahmeprüfung problemlos bestanden und einen Studienplatz an einer mittelgroßen Universität in Westdeutschland bekommen. Davor hatte ich auch Universitäten in England und den USA besichtigt. Wegen der Nähe zu meiner Familie ist die Entscheidung jedoch letztendlich auf Deutschland gefallen.

Ganz willkommen habe ich mich hier sehr lange nicht gefühlt. Bei der Ausländerbehörde habe ich stets schlechte Erfahrungen mit unfreundlichen Angestellten gemacht. Ein für mich zuständiger Mitarbeiter meinte: »Machen Sie Ihr Studium zu Ende, danach erwarten wir, dass Sie in Ihr Land zurückkehren.« Es war keine einfache Zeit für mich. Meine Familie war in Polen und am Anfang meines Studiums hatte ich noch keine Freunde. Als ich krank wurde, hatte ich daher niemanden, der mich versorgen konnte. Ich war oft einsam und habe mich auf mein Studium konzentriert.

Einmal, vor ungefähr zehn Jahren, hat mich meine Familie besucht. Wir sind am Fluss entlang spazieren gegangen. Meine Mutter und Tante sprachen polnisch. Ein Mann rief zu uns: »Ihr dreckigen Pollacken, Ihr sollt verschwinden.« So etwas ist mir in Westdeutschland allerdings nur einmal passiert. Eine unterschwellige Ausländerfeindlichkeit habe ich hingegen öfter erlebt. Ich fühlte mich – vielleicht nur subjektiv empfunden – durch meine Herkunft benachteiligt. Als Frau aus dem Osten wurde ich vergleichsweise wenig durch meine Vorgesetzten unterstützt. Letztendlich hat es aber mein Leben nicht entscheidend verändert oder mich wesentlich unglücklicher gemacht. Diese Vorkommnisse habe ich mittlerweile verdrängt oder überwunden.

Nach einigen Jahren konnte ich mich, trotz aller Widerstände, beruflich sehr gut etablieren. Meine männlichen Kollegen (egal ob Deutsche oder Zuwanderer) hatten und haben es bei ihrer wissenschaftlichen Karriere viel einfacher. Ich musste immer mehr »liefern« und besser sein. Trotzdem ist es mir gelungen, eine internationale akademische Laufbahn einzuschlagen. In der Familie sind alle stolz auf mich. Die Entscheidung der Emigration war für mich daher absolut richtig. Ich habe hier alles komplett aus eigener Kraft erreicht und aufgebaut. Manchmal war ich zu ungeduldig und habe schier Unmögliches von mir und meinen Lieben verlangt. Gelassenheit ist eine Tugend, an der ich in letzter Zeit versuche, intensiv zu arbeiten. Wir polnischen Frauen sind ziemlich energisch. Viele Frauen aus meiner Generation sind sehr erfolgreich und haben wichtige Positionen in Polen. Dort ist die berufliche Gleichberechtigung wesentlich weiter fortgeschritten als hier. Ich stelle fest, dass Polen – zum Beispiel beim Thema Infrastruktur oder Digitalisierung – Deutschland längst überholt hat.

Die Emigration hat mich verändert. Gegenüber anderen Kulturen und Nationalitäten bin ich sicherlich toleranter geworden als Teile meiner Familie in Polen. Für meine engste Familie habe ich allerdings eine Brücke zu diesem Land gebaut. Mein deutscher Ehemann ist ein wichtiger Teil meiner Geschichte und Integration. Bevor wir uns kennengelernt haben, hatte mein Mann bereits viele Jahre im Ausland verbracht. Dies war eine wichtige Basis für unsere Beziehung, insbesondere am Anfang. Denn auch für ihn ist es ein Austausch, eine Annäherung an mein Herkunftsland, dieses in Deutschland leider noch ziemlich unbekannte Land dort im Osten… Wir reisen jetzt viel gemeinsam durch die ganze Welt, insofern sind meine Jugendträume in Erfüllung gegangen.

Ich habe viele gute deutsche Bekannte und einige Freundinnen. Meine beste Freundin kommt jedoch aus Polen. Wir haben uns in Deutschland an einer Universitätsklinik kennengelernt. Wir teilen einen ähnlichen Humor und sind schon oft gemeinsam durch dick und dünn gegangen. Da sie einen ähnlichen Weg wie ich gegangen ist und denselben Beruf hat, verstehen wir uns fast ohne Worte. Meine andere gute Freundin, noch aus der Studienzeit, kommt aus Griechenland. Auch mit ihren Eltern bin ich seit Jahren befreundet, wir machen uns sogar gegenseitig kleine Geschenke. Derartiges passiert in meinem deutschen Freundeskreis nicht. Meine deutschen Freundschaften sind etwas distanzierter, trotzdem schätze ich sie sehr. Auch wenn diese Bekanntschaften manchmal nur oberflächlich sind, geben sie mir Halt in dieser Gesellschaft. Mir scheint, dass die Menschen hier egoistischer und berechnender sind. In Polen sind die Menschen spontaner, offener, freundlicher und hilfsbereiter. Mit der Zeit habe ich bestimmte Erwartungen aber aufgegeben. Vielen meiner deutschen Bekannten ist zum Beispiel unverständlich, warum ich an Weihnachten dreizehn Gerichte vorbereite oder was generell Weihnachten und Religion für uns Polen und Polinnen bedeuten. Ich gehe beispielsweise regelmäßig in die Kirche. Die Religion gibt mir Kraft und Hoffnung. In vielen Bereichen möchte ich weiterhin unsere eigenen Traditionen pflegen. Allein die Vorstellung, am Heiligabend Würstchen und Kartoffelsalat zu essen, finde ich einfach schrecklich.

Auch wenn ich weit weg lebe, habe ich mit meiner Familie jeden Tag Kontakt. Denn ich vermisse meine Eltern, meine Schwestern und Nichten sehr. Auch die Küche meiner Mutter und unser Familienhaus mit dem großem Garten fehlen mir oft. Zum Glück gibt es Skype und andere soziale Medien. Sooft wie möglich besuche ich meine Angehörigen oder sie besuchen uns. Ohne das alles wäre ich sehr unglücklich. Ich denke, dass ich im Alter hierbleibe, aber wer weiß, was das Leben noch mit sich bringt. Seit kurzem haben wir ein großes Haus bezogen. Dieses Haus ist endlich mein wahres Zuhause. Früher befand ich mich auf einer Art Wanderung.

Nach vielen Jahren in diesem Land fühle ich mich fast angekommen und bin mit meinem Lebensweg weitgehend zufrieden. Manchmal frage ich mich allerdings, ob mein beruflicher Weg in meinem Herkunftsland einfacher gewesen wäre. Aber wer kann das schon wissen?

Massimiliano

aus Norditalien, 53 Jahre, SAP-Berater

Romagna, Romagna mia,
lontan da te non si può star.
Romagna, meine Romagna,
fern von dir kann man nicht bleiben.
Aurelio Casadei

Geboren bin ich in Monza, einer Industriestadt in Norditalien. Mein Vater arbeitete damals bei der Firma Philipps. In meiner Erinnerung sind meine ersten Eindrücke der graue Himmel und der Nebel in dieser Stadt. Als Kind und Jugendlicher wartete ich immer sehnsüchtig auf die Sommerferien. Die dauerten damals in Italien von Juni bis Mitte Oktober. Die Ferien verbrachte ich bei meinen Großeltern, die am Meer lebten. Blauer Himmel, Sonne – der Kontrast konnte nicht größer sein. Mein Großvater war Fischer und so habe ich viel Zeit auf den Fischerbooten verbracht. Das sind die schönsten Erinnerungen aus meiner Kindheit.

Studiert habe ich Wirtschaftswissenschaften in Trient. Ich bin der Erste in der Familie, der zu Ende studiert hat. Relativ schnell habe ich eine gute Arbeit als Berater bei einer italienischen Firma bekommen. Das war eine gute Zeit, ich hatte nette Kollegen, habe Freunde am Arbeitsplatz gefunden und bin viel durch Europa gereist. Mit der Zeit wollte ich jedoch berufliche Erfahrungen im Ausland sammeln. Ich habe eine Zusage von einer bekannten italienischen Firma mit Sitz in Deutschland bekommen, die jemanden mit meinem Profil suchte. Nach der Probezeit sind meine Frau und unsere zwei Kinder ziemlich bald nachgekommen. Diese berufliche Phase war leider nicht so gut, mein schlechtes Deutsch war ein ständiges Thema. Es wurde zwar zumeist Italienisch gesprochen, mein Chef verlangte aber auch perfektes Deutsch. Vermutlich aus Protest oder eher unterbewusst wollte ich aber meine italienische Mentalität,

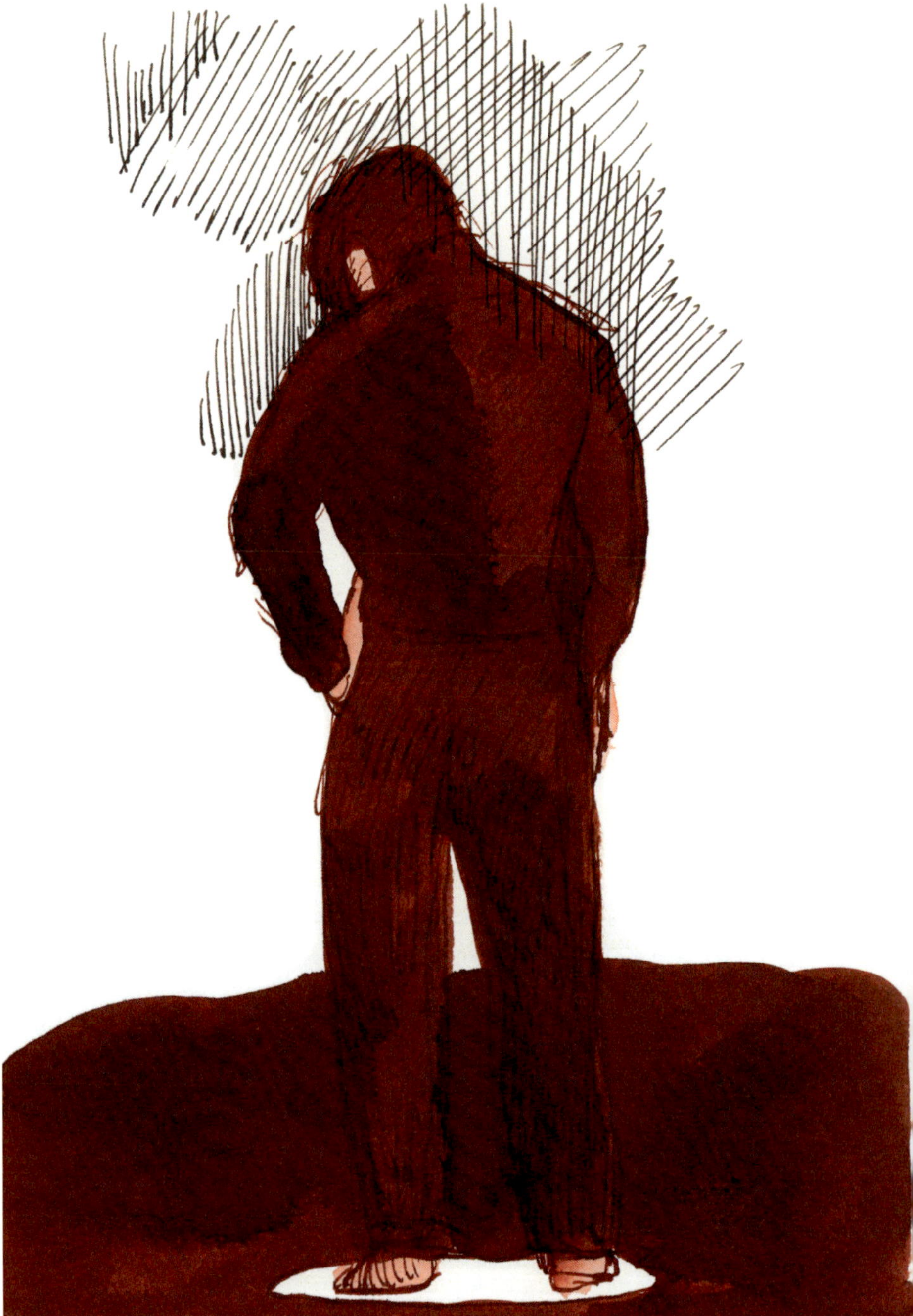

meine Wesensart und Sprache nicht aufgeben. Ich dachte, wenn ich nur wenige Jahre hierbleibe, brauche ich mich nicht unbedingt anpassen.

Die siebzehn Jahre in Deutschland sind schnell vergangen. Aber die ersten zehn bis fünfzehn Jahre haben aus meiner heutigen Sicht sehr viel Kraft gekostet. Erst nach fünfzehn Jahren fühlte ich mich wohler in diesem Land. Als junger Mann hat man vielleicht noch nicht die Reife, das Andersartige zu verarbeiten. Aber diese Phase war eine gute Übung für die Entwicklung meiner Persönlichkeit. So habe ich gelernt, Kompromisse zu schließen und gleichzeitig eine Strategie entwickelt, meine italienischen Wurzeln zu schützen. Ich bin sozusagen wie eine Insel: Ich vermische mich nicht mit dem Meer um mich herum. Das mag poetisch klingen, so aber konnte ich gesund überleben.

Die letzten drei Berufsjahre sind für mich sehr positiv gewesen. Ich bin jetzt bei einer italienischen Firma, die in Deutschland und weltweit agiert, als SAP-Berater eingestellt. Durch meine erste Arbeitsstelle sind wir in eine hessische Provinzstadt gekommen und hier geblieben. Für mich ist es ein großer Unterschied, ob ich mit den Leuten hier in Hessen oder den Deutschen in Hamburg oder Stuttgart zu tun habe. Dort sind die Menschen logischerweise viel weltoffener. Wir führen Gespräche auf Augenhöhe. Immerhin ist es in dieser Firma nicht von Nachteil, kein Deutscher zu sein (wie bei meiner ersten Arbeitsstelle).

Im Laufe der Jahre habe ich viele Vorurteile erlebt, zum Beispiel, dass du als Italiener unzuverlässig und unpünktlich bist und keine große Lust hast, hart zu arbeiten. Man wird immer unter die Lupe genommen. So war es zumindest bei meiner vorherigen Arbeitsstelle: Egal, was du lieferst oder bewirkst, du wirst lange kritisch beobachtet. Du kannst hundertmal zuverlässig sein, aber wenn ein Ausrutscher passiert, wirst du als unzuverlässig abgestempelt. Ich kann nicht ausstehen, wenn Menschen vordergründig freundlich erscheinen, es in Wirklichkeit jedoch nicht sind.

Einen richtigen deutschen Freund habe ich hier nicht. Mein bester Freund hat irische und deutsche Wurzeln und für einige Zeit in Irland und Kanada gelebt. Bei einem anderen guten deutschen Freund endete die Freundschaft seinerseits sehr abrupt. Bis heute ist mir der Grund dafür nicht bekannt. Es fand kein Gespräch statt. In Italien wäre so ein offenes Ende einer Freundschaft undenkbar. Man kann zerstritten sein, es gibt aber immer eine Erklärung. In Italien könnte ich sicher mehr Freunde finden, denke ich. Selbst bei Freundschaften scheinen die Menschen hier vor allem auf Effizienz zu setzen: Wichtig ist nur, was Freunde für dich tun können – das scheint hier das Konzept einer Freundschaft zu sein.

Es fehlt mir sehr vieles aus meinem Land: die Herzlichkeit, die Gastfreundschaft und vor allem die Spontaneität. Du kannst dich in Italien ohne größere Pläne im Vorfeld und ohne Formalitäten auf ein Gespräch oder zum Essen verabreden. Es gibt mehr spontanen Austausch zwischen den Menschen. Natürlich fehlen mir hier auch das milde Klima, der blaue Himmel und die Sonne. Der lange Winter ist einfach anstrengend. Auch wenn es vielleicht ein Klischee ist: Das Leben in Italien hat für mich mehr Qualität. Daher bin ich sehr glücklich, dass ich mich im Gegensatz zu den Menschen, die aus politischen Gründen nicht in ihre Heimat zurückfahren können, ins Auto setzen kann und in acht Stunden zu Hause bin. Zudem helfen uns das Internet, das italienische Fernsehen und die sozialen Medien, die Kontakte nach Italien zu pflegen. Diese Freiheiten schätze ich sehr.

In den vergangenen Jahren habe ich oft meine wahren Gefühle versteckt. Es steht für mich fest, dass ich auf jeden Fall zurück nach Italien gehe. Dafür habe ich sogar schon konkrete Pläne entwickelt. Meine Frau hingegen ist besser »integriert« als ich – was immer dieses Wort bedeutet. Sie ist hier mehr angekommen als ich, irgendwie hat sie ihre Wurzeln ausgebreitet. Meine Kinder wollen auch nicht unbedingt in Deutschland bleiben. Insbesondere der jüngere Sohn entwickelt viel Interesse an Italien, vor allem als das Land seiner Großeltern und Eltern. Er macht sich viele Gedanken über seine Herkunft. So wird der Faden der Migration von den kommenden Generationen weitergesponnen.

Maria

aus Westrumänien, 35 Jahre, Ärztin

Nur die Ruhe ist die Quelle jeder großen Kraft.
Fjodor M. Dostojewski

Ich wurde in einer ländlichen Bergregion geboren. Studiert habe ich in Timisoara, einer Universitätsstadt im Westen des Landes, einer sehr schönen Stadt mit weltoffenen Menschen. Unter anderen Bedingungen hätte ich dort sehr gerne gelebt. Nach meinem Studium habe ich angefangen, als Ärztin zu arbeiten. Die jungen Ärzte und Ärztinnen in Rumänien verdienten damals ungefähr 200 Euro netto im Monat. Davon konnte man nicht mal die Miete bezahlen. Nachdem meine Eltern schon mein ganzes Studium finanziert hatten, mussten sie mich weiterhin jeden Monat unterstützen. Die Patienten und Patientinnen brachten uns Geschenke oder Geld mit, das ich aber nicht annehmen wollte. Meistens hatten sie ja selbst nicht viel zum Leben. So wollte ich nicht leben. Das Gefühl fehlender Perspektiven war immer mehr spürbar. Ich habe daher in meinem Land nur sechs Monate gearbeitet.

Da meine erste Fremdsprache in der Schule Deutsch war, traf ich die Entscheidung, nach Deutschland auszuwandern: Ich wollte für mich eine bessere berufliche Zukunft, eine gute Facharztausbildung und größere Entfaltungsmöglichkeiten. Meine Eltern waren mit meiner Entscheidung nicht einverstanden, ich habe mich jedoch, wie immer, durchgesetzt.

Der Anfang war nicht einfach. Ich habe mich an mehreren Krankenhäusern in Deutschland beworben, musste meine Sprachkenntnisse erweitern und mir bestimmte praktische medizinische Sachverhalte sehr schnell selbst beibringen. Die intravenösen Zugänge und Blutabnahmen verrichtet in Rumänien zum Beispiel das Pflegepersonal, in Deutschland ausschließlich die Ärzte und Ärztinnen. So habe ich zu-

nächst drei Monate unbezahlt hospitiert, aber diese Zeit war für mich eine gute Übergangsphase.

Ich habe stets die Vorteile und die Möglichkeiten gesehen, die man als Arzt/Ärztin in Deutschland hat. Es gibt zum Beispiel weniger Probleme auch teure Medikamente zu verordnen. Die Ärzte/Ärztinnen hier haben viel bessere Möglichkeiten, Patienten und Patientinnen zu diagnostizieren und zu behandeln. Es hat mich gewundert, dass hier auch alte Ehemänner ihre Frauen im Krankenhaus versorgen, in Rumänien versorgen ausschließlich die Frauen die Männer. Die Gesellschaft in Rumänien ist wesentlich patriarchalischer.

Meine Eltern freuen sich über meine Entwicklung. Seit ein paar Jahren bin ich Oberärztin und trage eine große Verantwortung. Beispielsweise bin ich lange für die Intensivstation verantwortlich gewesen. Das alles habe ich ohne Beziehungen, ohne Netzwerke und ohne besondere Unterstützung geschafft. Mein damaliger Chefarzt war sehr freundlich zu mir, er hat mich stets ermutigt, meine Doktorarbeit zu beenden. Es war für mich damals sehr wichtig, denn meine Sprachkenntnisse waren nicht so gut wie heute. Ich habe unendlich korrigiert und umgeschrieben. Insgesamt habe ich mich vier Jahre intensiv mit meiner Promotion beschäftigt. Auch mit den anderen Kollegen und Kolleginnen in der Abteilung habe ich stets sehr gute Erfahrungen gemacht. Im Jahr 2013 war ich die einzige Ausländerin in der Abteilung, jetzt sind nur drei von dreizehn Kollegen und Kolleginnen unter den Assistenzärzten/-innen Deutsche. Die anderen kommen aus Ägypten, Marokko, Syrien, Palästina, Tunesien. Ohne die zugewanderten Ärzte würde das Krankenhaus nicht existieren können.

In Rumänien hatte ich mir die Deutschen viel ernster und kälter vorgestellt. So war ich positiv überrascht, denn ich traf aufgeschlossene, hilfsbereite Menschen. In Deutschland fehlt mir allerdings die Spontaneität. In Rumänien sind wir nach der Arbeit mit den Kolleginnen und Kollegen tanzen gegangen oder wir haben uns spontan in einem Café getroffen. Hier kann man viel unternehmen, muss es aber rechtzeitig planen. Auf Partys in Deutschland unterhalten sich die Menschen zumeist, getanzt wird viel weniger als in meinem Herkunftsland. Manchmal wird sogar gar nicht getanzt.

Ich habe eine gute deutsche Freundin, ansonsten ist es nicht einfach, jemanden spontan kennenzulernen. In der Arbeitswelt entwickeln sich die Kontakte eher langsam. Wir arbeiten sehr intensiv, daher gibt es wenig Möglichkeiten, über Privates zu reden. Es war für mich auch nicht einfach, in Deutschland einen Freund zu finden. Nicht zuletzt durch meinen Lebensweg bin ich selbstbewusster und stärker geworden. Wenn man allein in einem anderen Land ist, bedeutet es in jeder Hinsicht, ganz auf sich gestellt zu sein. In den ersten Jahren, die ich in Nordrheinwestfalen verbracht habe, fand ich einige deutsche Freunde und Bekannte. Über diese Kontakte traf ich meinen jetzigen Mann. Nach ungefähr fünf Jahren haben wir geheiratet, nach einigen Jahren kam unser Kind zur Welt. Vor kurzem bin ich zum zweiten Mal Mutter geworden. Meine Kinder sind für mich eine Brücke zu diesem Land.

In der Pandemie haben mir meine Eltern sehr gefehlt und wir konnten uns nicht oft besuchen. Die Speisen aus der Kindheit vermisse ich ebenfalls. Manchmal koche ich nur für mich allein Gerichte aus meinem Land – mit viel Gemüse, wie zum Beispiel Auberginen oder Paprika. Auch Polenta oder Hirtenkäse wird in Rumänien gerne gegessen. Am Anfang habe ich das sonnige Wetter und das Schwarze Meer vermisst. Hier sind die Monate September bis Juni ungewohnt kalt. Diese feuchte Kälte war für mich völlig neu.

Inzwischen sehe ich positive Entwicklungen in Rumänien. Es werden mehr Autobahnen gebaut und die Infrastruktur verbessert sich generell. Sogar abgelegene Dörfer haben jetzt fließend Wasser. Ärzte und Ärztinnen verdienen inzwischen deutlich mehr, auch die Korruption ist nicht mehr so verbreitet wie früher. Meine jüngere Schwester hat sich dennoch ebenfalls entschieden auszuwandern – nach Frankreich. Im Bereich der medizinischen Technik sieht sie bessere berufliche Perspektiven im Ausland.

Immerhin ist meine engste Familie hier. Nach über zehn Jahren fühle ich mich in Deutschland angekommen.

Özlem

aus Istanbul, 32 Jahre, Psychologin

Jeder sieht, was du scheinst,
nur wenige fühlen, wie du bist.
Niccoló Machiavelli

Als Studentin hatte ich mir vorgenommen, meinen Master-Titel in Psychologie im Ausland zu absolvieren. Eigentlich wollte ich schon immer für längere Zeit woanders leben und arbeiten. Ich war neugierig und ferne Länder fand ich schon immer anziehend. Da ich vorher bereits ein Austauschjahr an einer High-School in Kanada gemacht hatte und später noch ein halbes Jahr in Nordamerika lebte, dachte ich immer eher an den englischsprachigen Raum.

Ich bin zum Beispiel nach dem Abitur mit einem Interrailticket durch Europa gereist. In der Stadt, in der ich in der Türkei studiert habe, traf ich einen sehr netten jungen Mann aus Deutschland, der sich zu dieser Zeit als Austauschstudent in der Türkei aufhielt. Er wollte Türkisch lernen, sein Vater stammte aus der Türkei. Wir haben uns ineinander verliebt und führten erstmal längere Zeit nur eine Fernbeziehung. In dieser Phase haben wir miteinander englisch gesprochen, da mein Deutsch etwas rudimentär war: Lediglich mickrige Kenntnisse aus der Schule besaß ich noch. Ich habe also weiterstudiert und meinen Freund immer wieder in Deutschland besucht.

Im Jahr 2015 bin ich dann nach Deutschland umgezogen. Kurze Zeit darauf haben wir geheiratet. Ich wollte die deutsche Sprache schnell und umfassend lernen, um mich hier für ein Master-Studium zu bewerben. Der Anfang war nicht einfach, obwohl mein Mann mich in allen Schritten sehr unterstützt hat. Inzwischen habe ich mein Master-Studium in Deutschland erfolgreich abgeschlossen. An den guten Universitäten in der Türkei sind die Studiengebühren, anders als in Deutschland, sehr hoch.

Zugvögel = پرنده‌ی مهاجر

Häufig werde ich gefragt, woher ich komme. Wenn ich die Türkei als Herkunftsland erwähne, werde ich oft für meine Weltoffenheit gelobt. Dahinter steckt das Vorurteil, dass die anderen Türkinnen und Türken nicht so fortschrittlich sind wie ich. So landet man in einer Schublade. Meiner Meinung nach wissen die meisten Deutschen sehr wenig über die Türkei. Ich zum Beispiel bin nicht religiös, trinke manchmal Alkohol und esse auch Schweinefleisch. Das verdutzt viele Menschen hier. Im Krankenhaus wurde ich einmal von der Ehefrau eines Patienten als eine schöne Frau bezeichnet. Gleich darauf kam die Frage, woher ich denn käme. Als ich die Türkei nannte, meinte die Frau: »Das hätte ich aber nicht gedacht. Sie sind so hübsch.« Sie hat gar nicht gemerkt, dass in dem vermeintlichen Lob nicht nur ein Vorurteil, sondern sogar eine Beleidigung steckte. Derartigen unterschwelligen Alltagsrassismus erlebe ich immer wieder. Ein weiteres Vorurteil sehe ich im Zusammenhang mit dem Thema »Gewalt gegen Frauen«. Manche Deutsche blenden die Tatsache von Gewalt in deutschen Haushalten aus: In diesem Land wird jeden dritten Tag eine Frau im häuslichen Umfeld getötet!

In Deutschland treffen wir uns seltener spontan mit Freundinnen und Freunden, auch das soziale Leben wird mehr als in der Türkei verplant. Zum Glück gibt es in vielen Geschäften türkische Lebensmittel. Wir kochen deutsch und türkisch. In der Türkei sitzt man stundenlang bei gutem Essen zusammen. Das praktizieren wir hier mit unseren Freunden und Freundinnen auch.

Ich vermisse vor allem meine Familie. Mein Name Özlem bedeutet sogar »das Vermissen«. Zudem vermisse ich das Leben in der Großstadt. Zurzeit leben wir in einer mittelgroßen überschaubaren Stadt. Wenn ich alleinstehend wäre, würde ich vielleicht in die Türkei zurückkehren. Allerdings leben fast alle aus meinem ehemaligen Instanbuler Freundeskreis inzwischen im Ausland. Denn momentan ist die politische und materielle Situation in der Türkei für viele Menschen sehr schwer. Insbesondere für die junge Generation fehlen attraktive berufliche und finanzielle Perspektiven. Meine drei besten Freundinnen sind bereits wegen der Liebe oder wegen des Studiums nach Deutschland gekommen. Auch mein Mann möchte in Deutschland bleiben. Ich hatte zwei deutsche Freundinnen in der Stadt, in der wir früher lebten. Diese Freundschaften haben sich nicht gehalten, wir haben uns auseinandergelebt. Hier ist es nicht einfach, sich neue Freundschaften aufzubauen.

Die Menschen in Deutschland sind eher vorsichtig und weniger offen, als ich es gewohnt bin.

Die Migration hat mich dennoch sehr bereichert. Die Tatsache, dass ich jetzt in drei Sprachen kommunizieren, Podcasts hören und Bücher lesen kann, ist großartig. Ich habe neue Dinge wie Käsespätzle oder Weihnachtsmärkte entdeckt. Auch habe ich eine andere Sichtweise auf mein Herkunftsland gewonnen. Auch jetzt, nach ungefähr sieben Jahren, versuche ich weiterhin, in diesem Land beruflich Fuß zu fassen. Trotz der anfänglichen Schwierigkeiten habe ich insgesamt eine glückliche Zeit verbracht und fühle mich hier langsam mehr und mehr wie zu Hause.

Bianca

aus Norditalien, 55 Jahre, Gartenarchitektin

Die wichtigste Erkenntnis meines Lebens ist,
dass wir in einem liebenden Universum leben.
Albert Einstein

Als ich 22 Jahre alt war, habe ich an der Universität einen internationalen Workshop besucht und mich Hals über Kopf in einen deutschen Studenten verliebt. Das wollte ich erst nicht wahrhaben, in Deutschland wollte ich nie leben! Meine Familie hatte sich im Zweiten Weltkrieg am politischen Widerstand beteiligt. Beim Austragen verbotener Zeitschriften war meine Großmutter verhaftet worden und wurde gefoltert. Erst viel später habe ich darüber etwas erfahren. Für uns Enkelkinder blieb das lange ein Familiengeheimnis. Wegen der Spätfolgen bekam meine Großmutter einen Behindertenausweis. Aber dieses Jahr wurde ihr für ihre Aktivitäten im Krieg sogar ein Preis verliehen. Wir Familienmitglieder waren alle sehr berührt. Die Sommerferien hatte ich oft auf dem Land verbracht. Dort bekam ich mit, wie die alten Frauen im Dorf Albträume hatten und in der Nacht »Die Deutschen kommen, die Deutschen kommen!« schrien. Das war eine tief verwurzelte, dem Krieg geschuldete Angst. Diese Angst habe ich in meiner Kindheit häufig erlebt.

Meinen damaligen italienischen Freund habe ich verlassen und bin 1987 zu meinem deutschen Freund nach Berlin gezogen. Das Verrückte war, dass ich weiter in Italien studiert habe und vier Jahre lang hin und her gefahren bin. Ich hatte außerdem kurzerhand einen flexiblen Job bei einem Architekten in Berlin übernommen. Das war alles nicht einfach für mich. Wie heißen »Geodreieck« und »Bleistift«, ständige Begleiter eines Architekten, auf Deutsch? Heute erscheint es mir anstrengend, damals machte es mir absolut nichts aus. Ich war ständig in Bewegung. Berlin fand ich unglaublich aufregend, lebendig, offen. Zum damaligen

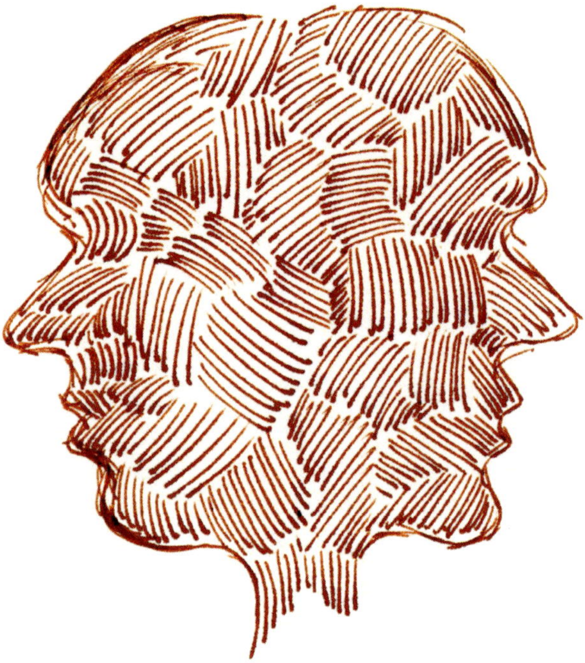

Hybrid

Zeitpunkt war Berlin definitiv eine gute Entscheidung. Der erste Eindruck war sehr positiv. Ich fand die Menschen viel freier, offener, bunter angezogen. Es gab weniger Konventionen als in Italien. Anhand der Kleidung ließ sich nicht ablesen, welcher Schicht die Menschen angehörten. Das war in Italien definitiv anders gewesen und hat mir immer ein Gefühl der Enge gegeben. In meiner Geburtsstadt hatte ich alle in meinem Alter gekannt.

In meinem Herkunftsland wurde ich manchmal darauf angesprochen, wie ich im Land der Täter leben und mit einem Deutschen zusammen sein könnte. Darauf eine passende Antwort zu geben, war nicht immer einfach für mich. Mit der Zeit wurde diese Frage aber nicht mehr gestellt. Nach einigen Jahren ging meine Beziehung in die Brüche. Plötzlich war ich auf mich allein gestellt, und so kam nach zwei Jahren die Idee auf, nach England zu gehen, dort ein Aufbaustudium zu absolvieren und einen zweiten Master in »Landscape Ecology, Design und Management« abzuschließen. Zu diesem Zeitpunkt empfand ich Berlin als zu hart, die Menschen waren unhöflich, geradezu unfreundlich. Der erste Kontakt zu den Menschen war oft schwer, vor allem in den Läden. In der Bäckerei haben sich die Verkäuferinnen aufgeregt, dass ich zu langsam war und die Namen der Brötchen nicht kannte. Ein paar Straßen weiter hatten die gleichen Brötchen dabei schon andere Namen. Das passte nicht zu dem Gefühl der Freiheit, der Offenheit, das ich am Anfang so stark verspürt hatte. Deutschland erschien mir plötzlich insgesamt zu eng. Heute weiß ich, dass man als Migrant verschiedene Phasen durchlebt: Am Anfang findet man das neue Land spannend, nach einigen Jahren vermisst man das Ursprungsland.

Genau vier Wochen vor meiner Abreise aus Deutschland habe ich meinen jetzigen Mann kennengelernt. Ich bin trotzdem erst einmal nach England gegangen. Die Zeit dort war schön und friedlich, die Menschen fand ich sehr nett, höflich und hilfsbereit. Mein neuer Freund hat mich dort oft besucht. Wir blieben zusammen, und so kam ich in die kleine Stadt in Mitteldeutschland, wo er einen Job angenommen hatte. Auch heute noch sind wir zusammen und sehr glücklich.

Ich wurde sehr schnell schwanger, innerhalb kurzer Zeit wurden unsere beiden Kinder geboren. Aber ich wollte von meinem Mann nicht abhängig sein, deshalb habe ich versucht, einen flexiblen Job zu finden. So habe ich Italienisch an der Universität, privat, in der Volkshochschule

und bei italienischen Firmen unterrichtet. Da das nicht mein erlernter Beruf war, musste ich mich ganz anders mit meiner Muttersprache auseinandersetzen. Die Sprache, die Grammatik, die Redewendungen sind ja auch Teil der Kultur. Meine Kursteilnehmer waren sehr an meinem Land und meiner Sprache interessiert und ich habe durch sie viel über Deutschland erfahren – das war ein ständiger Austausch. Dadurch haben sie viel zu meiner Integration beigetragen. Es wurde ein wichtiger Teil meines Lebens und hat mir sehr viel Spaß gemacht. Ich war selbstständig und hatte keine rigiden hierarchischen Strukturen über mir. Das habe ich sehr genossen, denn Freiheit ist essenziell für mich. Nach einiger Zeit wurde ich angesprochen, ein paar Gärten zu gestalten, und so bin ich zu meinem eigentlichen Beruf zurückgekehrt. Das hat mir sehr viel Freude bereitet. So war ich die ganze Zeit selbstständig, aber leider auch nicht versichert. Mit der Zeit kam daher der Wunsch nach einer richtigen Stelle mit Sozialleistungen und mehr Sicherheit. Während der Zeit meiner Selbstständigkeit hatte ich manchmal große Ängste. Falls meinem Mann etwas zustoßen würde, wäre ich allein mit den kleinen Kindern in einem fremden Land, ohne das Netzwerk einer großen italienischen Familie vor Ort. In diesen Jahren fehlte mir meine Familie besonders stark und schmerzvoll. Wie gerne hätte ich sie für mich und meine Familie häufiger in meinem Leben um uns herumgehabt.

Ich habe mich daraufhin auf eine ausgeschriebene Stelle als Gartenarchitektin beworben. Der Bewerber auf Platz eins sagte glücklicherweise ab, so konnte ich die Stelle bekommen. Jetzt bin ich dort schon zwölf Jahre angestellt. Es macht mich zufrieden und stolz, dass ich die Ergebnisse meiner Projekte in der Stadt sehe und erkenne, was ich alles bewirke. Private Gärten bleiben meistens unsichtbar. Eine Frau aus Kasachstan erzählte mir neulich, dass sie durch ihren Garten Verbundenheit zu diesem Boden und Deutschland gefunden hat. Zusammen mit ihren Pflanzen fühle sie sich hier verwurzelt.

Du fragst mich, wie ich mit meinem Anderssein in diesem Land zurechtkomme. Manchmal habe ich den Eindruck, dass manche Deutschen uns Italiener ein bisschen wie kleine Kinder betrachten. Wir sind vielleicht nicht so fleißig, nicht so pünktlich wie die Deutschen. Sie wollen hauptsächlich wissen, ob wir gut arbeiten. Manchmal müssen wir dreimal beweisen, dass wir zuverlässig und überpünktlich sind. Es gibt diesen bekannten Spruch: »Die Deutschen lieben die Italiener, schätzen sie aber nicht. Die Italiener schätzen die Deutschen, lieben sie aber nicht.« Aber jeder Mensch möchte doch beides: geschätzt und geliebt werden. Wir haben eher einen Bonus im Vergleich zu anderen Migranten. Viele Deutsche fahren bekannterweise gerne in Urlaub nach Italien und sehen das Land aus einer anderen Perspektive. Dadurch sind sie uns gegenüber vielleicht aufgeschlossener als im Fall der anderen Migranten. Ich denke, dass es den Franzosen hier ähnlich geht.

Die Liebe meines Mannes und meine Liebe zu ihm sowie zu den Kindern haben meine Integration gefördert. Seine ganze Familie hat mich sehr herzlich aufgenommen. Ich fühlte mich sofort akzeptiert. Mein Schwiegervater war ein positiver Mensch. Als ich ihn kennenlernte, war er schon achtzig Jahre alt (mein Mann war sein jüngstes Kind), trotzdem hatte er immer noch Pläne. Er konzentrierte sich auf das Positive und war ein sehr gütiger Mensch, der mir vieles beibrachte. Ohne dass er große Worte benutzte, spürte ich seine Herzlichkeit. Mein Schwiegervater hatte als junger Man die Flucht seiner Familie aus Schlesien miterlebt und musste seine Heimat verlassen. Auch aus diesem Grund konnte er sich wohl gut in mich hineinversetzen. Ich empfinde mich als eine Luxusmigrantin. Mein Studium ist direkt anerkannt worden und ich kann meinen Beruf ohne Probleme ausüben. Bei vielen Menschen, die ich kenne, hat das mehrere Jahre gedauert. Einige haben schlimme Erfahrungen mit Auswanderung, Flucht oder politischer Verfolgung gemacht und mussten schwierige Entscheidungen treffen. Es ist bewunderswert, wenn sie dadurch nicht verbittert wurden, sondern daran gewachsen sind.

Einige Deutsche scheinen manchmal härter und unhöflicher als Italiener – oder besser gesagt: anders höflich. Was in einer Kultur als Aufrichtigkeit empfunden wird, kann in einer anderen als grob angesehen werden. Es gibt kein Richtiges oder Falsches: das sind kulturelle Konventionen. Da wir uns aktiv für die Verständigung und den Austausch der beiden Nationen einsetzen wollen, haben wir eine deutsch-italienische Initiative gegründet.

Meine beste Freundin ist Italienerin. Sie ist für mich wie eine Schwester. Ich habe aber auch einen sehr guten deutschen Freund. Er ist sehr höflich und kann sich gut in andere Menschen hineinversetzen. Nach der Trennung von meinem ersten Freund in Berlin ging es mir sehr schlecht. Ich lag in einem Liegestuhl bei ihm im Garten. Da hat er behutsam eine Decke über mir ausgebreitet. Dies war der Moment meiner Versöhnung mit diesem Land und ein wirkliches Ankommen. Mein Freund hätte das Klischee eines deutschen Offiziers sein können: groß, blond, blaue Augen. Durch meine Verbundenheit mit ihm habe ich gelernt, die schlimmen Verbrechen der Deutschen während der Kriegszeit zu verarbeiten und auch gewisse Vorurteile abzulegen, die sich in meiner Kindheit und Jugend aufgebaut hatten. So etwas muss aufhören, sonst kommt die Menschheit nicht weiter. Wir sind innig befreundet, er ist der Patenonkel meiner Tochter und ich wiederum bin die Patentante seines Kindes.

Aus meinem Land vermisse ich einiges, vor allem meine Familie und die Freunde, mit denen ich groß geworden bin. Mit dem Älterwerden merke ich, dass durch meine Emigration ein Teil des Austauschs verloren gegangen ist. Ich vermisse die italienische Landschaft, die besonderen Pflanzen, die Gärten – dort fühle ich mich einfach zu Hause. Es ist verständlich, dass die Kommunikation im Herkunftsland einfacher verläuft. Dort empfinde ich vieles als selbstverständlicher, offener, spontaner. In den ersten Jahren in Deutschland habe ich fast nur italienische Zeitschriften und Bücher gelesen, schließlich soll Lesen ja ein Genuss sein. Seit einigen Jahren lese ich vermehrt auf Deutsch, was ich als eine positive Entwicklung betrachte, denn ich fühle mich in beiden Sprachen wohl. Ich bezeichne mich als eine Art Hybride, die in diesen zwei Welten immer besser leben kann. Früher dachte ich, dass ich im Alter auf jeden Fall nach Italien zurückkehren würde. Optimal wäre das Leben in beiden Ländern, aber mit den Jahren habe ich die Erfahrung gemacht, dass mein Alltag jetzt hier ist. Vor allem wird es wichtig sein, wo meine Kinder leben werden. Unsere Kinder sind gut integriert, mein Sohn studiert in Deutschland, die Tochter allerdings in Italien. So schließt sich der Kreis.

Migration hat nicht nur eine räumliche Dimension, sondern auch eine zeitliche. Als Ausgewanderte habe ich eine Vorstellung eines Italiens der 90-er Jahre. Aber mittlerweile haben sich auch dort Sprache, Verhalten und Kultur verändert, ohne dass ich es miterlebt hätte. Das Land, das ich kannte, ist somit zum Teil gar nicht mehr da. Es mögen nur Kleinigkeiten sein, aber es sind deutliche Signale, dass man selbst sich nicht kontinuierlich mitentwickelt hat.

Rubangaber

aus Uganda, 71 Jahre, Bankkaufmann

Behandele deine Mitmenschen,
wie du behandelt werden möchtest.

Mitte 1969 bin ich als Praktikant zum ersten Mal mithilfe eines Stipendiums der Bundesregierung für Entwicklungsländer nach Deutschland gekommen. Junge Menschen aus Afrika sollten das Bankensystem in Deutschland in Theorie und Praxis erlernen. Zum ersten Mal verließ ich meine Heimat. Am Anfang lebte ich in Saarbrücken, wo ich mehrere junge Menschen aus Afrika traf. Wir haben die deutsche Sprache gelernt, waren fast ausschließlich unter uns und hatten in dieser Phase nahezu keinen Kontakt zu Deutschen. Die wenigen deutschen Kontakte waren korrekt und freundlich. Nach drei Monaten Sprachunterricht und zwei Monaten mit Einführungsseminaren wurde ich nach Düsseldorf geschickt. Dort konnte ich bei der Dresdner Bank als Praktikant Erfahrung sammeln. Die Mitarbeiter der Bank waren überwiegend nett zu mir. Ich war sehr jung und Rassismus war für mich damals kein relevantes Thema. Die Bank hatte für mich bei einer älteren Dame ein Zimmer am Stadtrand gemietet. Sie war wie eine Mutter und machte jeden Tag Frühstück und Abendessen für mich. Ich war sehr dankbar dafür.

Nach vier Monaten wurde ich nach Würzburg versetzt, um mehr Theorie zu erlernen. Danach war ich noch in Hannover bei der Landeszentralbank und in Frankfurt am Main bei der Bundesbank. Nach meinen Prüfungen flog ich Ende 1970 nach Uganda zurück. Ich hatte Heimweh und war sehr glücklich, wieder in der Heimat zu sein. Nie hätte ich gedacht, dass ich in Deutschland Schutz suchen würde. Aber im Januar 1971 gab es in Uganda einen Militärputsch. Idi Amin kam an die Macht und es begann die »ethnische Säuberung« des Acholi-Stammes, dem auch ich angehöre. Um zu überleben, musste ich mein Land verlassen. Ich kannte ja nur Deutschland, deshalb bin ich natürlich auch dorthin geflogen, um meinen Asylantrag zu stellen. Ich hatte Glück, zuerst wurde ich geduldet, später wurde mir Asyl gewährt. Vor meiner Abreise hatte ich in Uganda noch meine damalige Freundin geheiratet. Sie war schwanger, unsere Tochter wurde 1972 geboren.

In Deutschland angekommen, durfte ich zunächst bei der Familie meines Landsmanns in Frankfurt am Main wohnen. Als ich endlich arbeiten durfte, wurde ich bei der Währungsbuchhaltung der Dresdner Bank eingestellt. Die Mitarbeiter und Mitarbeiterinnen dort waren sehr nett und freundlich. Ich hatte mein eigenes Einkommen und begab mich auf die Wohnungssuche. Häufig habe ich mich auf Zeitungsannoncen gemeldet. Zunächst sagte man mir, die Wohnung wäre noch zu haben. Doch bei meiner persönlichen Vorstellung hieß es dann meist, die Wohnung sei bereits vergeben. Nachdem dies mehrmals passiert war, habe ich begriffen, dass dies eindeutig rassistische Gründe hatte: Ich habe eine dunkle Hautfarbe, und deswegen bekam ich als Einzelperson keine Wohnung. Zum Glück konnte ich kurz darauf mit zwei Mitarbeiterinnen aus meiner Abteilung, die aus Frankreich stammten, eine Wohnung teilen. Als Übergangslösung war das für mich erstmal in Ordnung.

Ein Jahr später hat sich die Geschichte wiederholt, als ich für meine Familie eine Wohnung suchte. Meine Frau und meine Tochter kamen aus Uganda nach. Nach einer sehr langen Suche hatte ich endlich in der Nähe meines Arbeitsplatzes eine 2-Zimmer-Wohnung gefunden. Der Mieter war verpflichtet, einen Nachmieter zu finden. Im Nachhinein denke ich, dass sonst keiner diese Wohnung haben wollte, weil es dort Kakerlaken gab. Mein Vormieter hätte sie von einem Spezialisten vernichten lassen sollen, hatte dies aber nicht getan. Da ich dringend eine Wohnung brauchte, habe ich sie in diesem Zustand übernommen und teuer Geld für die Ungeziefer-Bekämpfung bezahlt.

Als unser zweites Kind unterwegs war, brauchten wir eine größere Wohnung. Diesmal bin ich gleich zum Wohnungsamt der Stadt Frankfurt gegangen und wurde auch schnell fündig. 1975 wurde unser Sohn geboren. Wir hatten sehr nette Nachbarn und es war eine gute Zeit für mich und meine Familie.

Nach ein paar Jahren habe ich meinen Arbeitgeber gewechselt und bin zu einer amerikanischen Bank. Das war eine gute Entscheidung, denn ich konnte gleichermaßen meine Englisch- und Deutschkenntnisse nutzen. Mein Leben in Frankfurt war ruhig und wir waren zufrieden. 1976 sollte ich bei der Filiale in München für sechs Wochen aushelfen. Aus diesen sechs Wochen wurden dann sechs Monate. Danach wurde ich gefragt, ob ich die Leitung der Computerabteilung übernehmen wolle. Ich war sehr überrascht und habe das Angebot gerne angenommen. Sofort habe ich angefangen, eine Wohnung für uns zu suchen. Es war in München noch schwieriger als in Frankfurt, vor allem als Ausländer und mit Kindern. Ich habe ohne Erfolg längere Zeit gesucht, dann bekam ich Hilfe von der Leitung der Bankfiliale. 18 Kilometer von München entfernt haben wir schließlich eine 3-Zimmer-Wohnung gefunden. 1979 wurde in München unser drittes Kind, wieder ein Sohn, geboren.

Viele Bayern sind Ausländern gegenüber zunächst distanziert, in Wirklichkeit sind sie aber sehr warmherzige Menschen. Unsere Nachbarn in Bayern waren jedenfalls sehr nett zu uns. Bis heute pflegen wir unsere gegenseitige Freundschaft. Bevor meine Familie zu mir nach Bayern zog, hatte ich ein rassistisch geprägtes Erlebnis: An einem Wochenende organisierte mein Arbeitgeber einen Betriebsausflug. Viele Angestellte haben daran teilgenommen, so auch ich. Am Abend sind wir nach München zurückgefahren. Dort wollten wir mit ungefähr zehn Leuten eine Diskothek besuchen. Wie damals üblich gab es am Eingang eine Kontrolle. Ich befand mich fast am Ende der Schlange. Die Kolleginnen und Kollegen vor mir wurden ohne Probleme reingelassen, nur ich wurde nach einer Clubkarte gefragt. Da ich keine besaß, wurde mir der Zutritt verweigert. Die Kollegen und Kolleginnen, die hinter mir in der Schlange standen, sind aus Solidarität auch nicht mehr hineingegangen und diejenigen, die schon in der Diskothek waren, haben das Lokal umgehend verlassen. Das war für alle eine schlimme Erfahrung. Viele haben geweint. Ich habe allen Kollegen und Kolleginnen dafür gedankt, dass sie zu mir gehalten haben.

Schließlich hat mein Münchner Arbeitgeber viele Aktivitäten nach Frankfurt verlegt, sodass ich wieder nach Frankfurt zurückgekehrt bin. Dort ist ein paar Jahre später ein ähnliches Ereignis passiert. In meiner Freizeit habe ich oft Darts gespielt. Einmal bin ich spontan in ein Lokal gegangen, das ich beim Spazierengehen entdeckt hatte. Dort fragte ich, ob ich mitspielen dürfe. Das war möglich und so bin ich schließlich jedes Wochenende dorthin gegangen, um Darts zu spielen. Die Menschen in dem Lokal waren freundlich zu mir. Nach ungefähr drei Monaten wollte ein Freund mitmachen und wir beschlossen, uns dort zu treffen. Am nächsten Tag rief er mich entsetzt an: Er habe erfahren, dass in diesem Lokal die rechtsradikale Szene verkehre! Ich war regelrecht schockiert und habe sofort aufgehört, dorthin zu gehen. Persönlich wurde ich dort als Ausländer aber weder beschimpft noch belästigt.

Mittlerweile lebe ich seit über vierzig Jahren in Deutschland. Ich war, denke ich, immer freundlich, höflich und aufgeschlossen meinen Mitmenschen gegenüber. Bei manchen entwickelten sich im Verlaufe der Zeit sogar nette Bekanntschaften, vor allem nachdem sie mich besser kennengelernt hatten. Natürlich gab es auch Situationen, in denen Personen unfreundlich und sogar böse reagierten. Diese Menschen habe ich gemieden oder versucht, sie zu ignorieren. Meiner Erfahrung nach diskriminieren sogar viele Ausländer Menschen mit dunkler Hautfarbe mehr als die Deutschen. Etliche Ausländer wollen sich, meiner Meinung nach, auch gar nicht integrieren. Sie leben in ihren eigenen Parallelwelten und halten fest an ihren Traditionen. Sie sprechen kein Deutsch, obwohl sie schon jahrelang hier sind. Damit machen sie sich selbst das Leben schwer. Wenn man sich entscheidet, woanders zu leben, egal wo in der Welt, sollte man doch wenigstens versuchen, sich dort gut zu integrieren. Das heißt, man sollte die Traditionen und die Gesetze des Gastlandes respektieren und akzeptieren.

Maria-Lucia

aus Kolumbien, 31 Jahre, Ärztin

No es verdad que las personas dejen de perseguir
suenos porque se hacen viejas,
sino que se hacen viejas
porque dejan de perseguir sus suenos.
Es ist nicht wahr, dass Menschen aufhören,
Träumen nachzujagen, weil sie alt werden,
sondern dass sie alt werden,
weil sie aufhören, ihren Träumen nachzujagen.
Gabriel Garcia Marquez

Geboren bin ich in Bogota, einer 10 Millionen-Metropole. Dort habe ich Medizin studiert. Nach dem Studium sind in Kolumbien alle Ärzte und Ärztinnen verpflichtet, ein Jahr in der Provinz zu arbeiten. Aus Angst vor Gewalt wollen sie nach ihrer Ausbildung jedoch nicht auf dem Land praktizieren. Auch die Ärzte und Ärztinnen aus dem Ausland bevorzugen die Arbeit in den Großstädten. Da es keine ärztlichen Ressourcen auf dem Land gab, habe ich manchmal 72 Stunden lang ohne ausreichenden Schlaf und ohne Pausen gearbeitet. Die Facharztausbildung an einer Universitätsklinik in Kolumbien ist gut strukturiert, allerdings muss man sie selbst bezahlen. Das sind pro Semester ungefähr 7000 Euro. Jeden dritten Tag hat man dort als Assistenzarzt/-ärztin Nachtdienst, nicht wie in meinem jetzigen Krankenhaus in Deutschland nur vier bis fünf Bereitschaftsdienste im Monat. Während der Facharztausbildung hat man kaum Freizeit. Man wird von den Mentoren, insbesondere als Frau, dauernd unter Druck gesetzt. Der Ton ist barsch, es wird kaum etwas erklärt. In der Regel hatten die Lehrkräfte keine Zeit für uns. Nach den 24 Stunden dauernden Diensten gab es am nächsten Tag noch Unterricht, so dass ich manchmal 36 Stunden lang gearbeitet und gelernt habe.

Ich musste um etwa 5 Uhr morgens eine Stunde mit dem Bus zur Universitätsklinik fahren. Zurück ging es spätabends. Ich fühlte mich nie sicher und hatte als junge Frau ständig Angst. Auch in Bogota wurden viele Menschen überfallen und ausgeraubt. Diese ganzen Faktoren führten zu einer großen Frustration mit meinem Leben. Meine Freundinnen sind vor allem in die USA gegangen, da die meisten dort Verwandtschaft hatten. Ich hingegen habe deutsche Vorfahren: Meine Großmutter väterlicherseits besaß deutsche Wurzeln, ihre Eltern kamen aus Deutschland. In Kolumbien hatte mein Urgroßvater eine kleine Fabrik gegründet. Meine Großmutter war eher streng, strukturiert und distanziert. Es gab bei ihr immer Regeln. Sie erklärte uns, dass diese Strenge notwendig sei, damit wir es im Leben später einfacher haben. Damit wollte sie uns in gewisser Weise formen. Bei der kolumbianischen Großmutter wurden wir vor allem verwöhnt. Es gab dort nur wenige Regeln, sie war warmherzig und lieb zu uns.

Der Cousin meiner Großmutter – er ist 93 Jahre alt – überzeugte mich dann, zu ihm nach Deutschland zu kommen. Ohne die umfassende Hilfe meines Großonkels hätte ich meinen Berufseinstieg so schnell nicht geschafft. Ich habe zunächst einen kleinen Job in einem Geschäft angenommen, in dem ich mit den Kunden noch Englisch oder Spanisch sprechen konnte. Dann musste ich die Deutschsprachkurse erfolgreich absolvieren. Zur damaligen Zeit und auch heute noch fehlen in Deutschland Ärzte und Ärztinnen, sodass ein Teil der Gebühren für die Sprachkurse durch die Agentur für Arbeit übernommen wurde. Hilfreich waren vor allem die Kurse in Frankfurt, wo die meisten unserer Lehrkräfte der Ärzteschaft angehörten und der Schwerpunkt auf medizinischen Inhalten lag. Ich brauchte einen C1-Abschluss und das entsprechende Examen war sehr anspruchsvoll. Erst nach eineinhalb Jahren konnte ich endlich meine Arbeit als Assistenzärztin in einem kleinen Krankenhaus aufnehmen. Für die deutsche Approbation muss man einige Jahre als Arzt/Ärztin arbeiten, aber nicht alle Krankenhäuser stellen Ärzte ein, die lediglich eine Berufserlaubnis haben.

Ein deutscher Cousin arbeitete bereits in Berlin als Arzt. Berlin empfand ich aber als zu groß und zu hektisch für mich, gerade in der Phase des beruflichen Anfangs in Deutschland. 15 Jahre zuvor war ich als Schülerin zum ersten Mal nach Berlin geflogen, um dort an einem Sprachkurs teilzunehmen. Damals war es für mich ein sehr inspirierender Aufenthalt.

Neben meinen Sprachkursen habe ich als Ausgleich in einem Verein für Brettspiele mitgemacht. Auf diese Weise knüpfte ich soziale Kontakte und schloss erste Freundschaften mit Deutschen. Brettspiele haben unsere Familie in Kolumbien immer bei verschieden Treffen begleitet. Meine Mutter hat acht Geschwister, so kamen manchmal über vierzig Familienmitglieder zusammen. Wir haben gespielt, gelacht, gegessen und uns ausgetauscht. Die Spielweise ist eher intuitiv, Entscheidungen gehen schneller. In Deutschland hingegen spielt man ernst und strategisch. Bei den Brettspiel-Treffen habe ich auch meinen deutschen Freund kennengelernt. Spiele sind eine gute Brücke, um sehr verschiedene Menschen zu verbinden.

Ich sehe viel Positives in Deutschland. Zum Beispiel fühle ich mich hier viel sicherer. Man merkt, dass die Polizei und die Verwaltung besser funktionieren. Im Vergleich zu meinem Land gibt es hier viel weniger Diebstähle. In Kolumbien kleiden sich die Menschen bunter und auffälliger. Frauen in höheren Positionen sind geschminkt und teuer angezogen. Zu Hause habe ich gerne Arepas gegessen, das ist Brot aus Mais, es ist etwas dicker als Tortillas. Auch der Geschmack von Obst und Gemüse ist hier anders. Viele der Gemüse- und Obstsorten, die wir in Kolumbien kennen, findet man in Deutschland nicht.

Ich vermisse vor allem meine Familie und meine Freunde und Freundinnen. Mein einziger Bruder ist Ingenieur und überlegt, ebenfalls nach Deutschland zu kommen. Einige seiner Freunde leben und arbeiten bereits hier. Mittlerweile bin ich vier Jahre in Deutschland, also noch nicht sehr lange. Ich arbeite sehr viel und habe wenig Zeit für soziale Kontakte. Hoffentlich wird sich das noch ändern.

Direkten Alltagsrassismus habe ich bislang nicht erlebt. Einmal, ganz am Anfang, war ein Bankangestellter sehr ungeduldig mit mir. Er sprach schlechtes und unverständliches Englisch, wir konnten uns überhaupt nicht verständigen. Am Ende meinte er: »Wie können Sie nach Deutschland kommen, ohne dass Sie die Sprache beherrschen?!« Die Angelegenheit hat schließlich eine gut Englisch sprechende Angestellte übernommen. Ich war trotzdem beleidigt und habe die Bank gewechselt.

Ich denke nicht, dass ich in den nächsten Jahren in mein Geburtsland zurückkehren möchte. Ganz angekommen fühle ich mich hier aber noch nicht. Dieser Prozess braucht noch Zeit.

Daniel

aus Irland, 55 Jahre, Sprach- und Soziologielehrer

Nil aon tinteán mar do thinteán féin.
Kein Kamin ist wie der eigene.
Irisches Sprichwort

Die erste Lektion, die ich hier in Deutschland erteilt bekam, kurz nach meiner Einreise im Jahr 1993, lautete: Es gibt so gut wie keine informelle Marktwirtschaft. Wenn sie überhaupt existiert, dann steht sie so sehr im Schatten der formellen Marktwirtschaft, dass die traditionellen Vorteile des informellen Marktes kaum in Erscheinung treten. Wenn man beispielsweise ein gebrauchtes Auto kaufen will, ist man auf Zeitungsannoncen oder lizenzierte Autohäuser (oder Vertragsautohändler) angewiesen. Bei der Suche nach einer Mietwohnung sieht es ähnlich aus: Sie läuft über Zeitungsannoncen oder Immobilienmakler. Mundpropaganda ist nur bedingt effektiv, denn dafür müsste man über einen ziemlich großen Bekanntenkreis verfügen, der sich mit anderen großen Bekanntenkreisen überlappt. Diese Strukturen gibt es in Deutschland selten. Und die Vernetztheit der Bekanntenkreise, die es doch hier und da gibt, entpuppt sich bei näherer Betrachtung als der formellen Marktwirtschaft so sehr angepasst, dass man bei der Suche nach einem Gebrauchtwagen oder einer Mietwohnung am Ende doch lieber gleich den formellen Weg einschlägt. In Deutschland ist das aber nicht immer so tragisch, denn auf die Institutionen der formellen Welt ist oft Verlass. Man lernt nach kurzer Zeit in der Bundesrepublik, dass man fast alle Probleme geregelt bekommt, wenn man einfach den zuständigen Beamten bzw. die zuständige Beamtin ausfindig macht.

Wenn einem die formelle Marktwirtschaft als zu teuer, zu unpersönlich und zu herzlos erscheint, dann kann man sich wenigstens mit dem Gedanken beruhigen, dass man sich in der Bundesrepublik wenigstens auf die rechtsstaatlichen Garantien verlassen kann – falls ein Ortsansässiger vielleicht in die Versuchung käme, die Unwissenheit eines Neuankömmlings auszunutzen. Um in den Genuss dieser staatlich garantierten Absicherungen zu kommen, zahlt man sehr gerne eine Reihe von überflüssigen Gebühren, Versicherungsbeiträgen und natürlich auch Steuern. Schön fand ich es von Anfang an, dass man finanzielle und bürokratische Angelegenheiten relativ schnell, effizient und vor allem »unbürokratisch« abwickeln konnte.

Oberflächlich betrachtet scheint es dem Durchschnittsdeutschen an nichts zu fehlen. Doch dafür muss er sich damit arrangieren, dass er ein Dasein fristet, dass an allen Ecken und Enden von einem allmächtigen Staatsapparat rund um die Uhr verwaltet wird. Mit dieser Situation begnügen sich die meisten, denn das Versprechen von Arbeit, Geld und Konsumgütern hält der Staat meistens ein, und so tauscht man – bewusst oder unbewusst – ein autonomes Sozialleben gegen eine materielle und persönliche Sicherheit ein. Für Leute, die sich gern auf so einen Tausch einlassen, ist Deutschland das perfekte Land. Aber wenn man einige Zeit schon in Deutschland gelebt hat, wirft sich zwangsläufig irgendwann die Frage auf: Wenn doch alle materiellen Bedürfnisse gedeckt sind und »Vater Staat« auch für Stabilität und Sicherheit sorgt, wieso wirkt der Durchschnittsdeutsche generell so gestresst, unzufrieden, ja sogar traurig?

Soziale und familiäre Beziehungen spielen zum Teil deswegen in anderen Ländern eine größere Rolle, weil man sich auf die regulatorischen Kräfte des Staates kaum verlassen kann oder will. Auf der anderen Seite mangelt es dem Staat dort – aufgrund fehlender Ressourcen und Technik – vielleicht an Eingriffsmöglichkeiten, und so existieren die formellen und informellen Sphären des Gesellschaftslebens zum Teil friedlich (und zum Teil antagonistisch) nebeneinander. Die Unabhängigkeit der informellen Gesellschaftssphären vom Staatsapparat ist in anderen Ländern oft eine Lebensnotwendigkeit. Die Verstrickung in großfamiliären Netzwerken kann sich im schlimmsten Fall genauso freiheitsberaubend und einengend auf den Einzelmenschen auswirken, wie die Bevormundung eines repressiven Verwaltungsstaats. Doch im besseren Fall verleihen ihm die familiären und sozialen Beziehungen ein Gefühl der Geborgenheit. Der moderne Durchschnittsdeutsche kennt diese Geborgenheit kaum und lässt sich deswegen leicht stressen, verängstigen und aus der Ruhe bringen. Menschen, die ohne Weiteres auf die Hilfsbereitschaft anderer Menschen in ihrem Beziehungsnetz zurückgreifen können, wenn »Not am Mann ist«, leiden verhältnismäßig weniger unter Stress.

Auf die Frage »Kennst Du vielleicht jemanden, der sein Auto verkaufen will?«, antwortet man (von seltenen Ausnahmen abgesehen) mit einem freundlichen, doch abrupten »Nein«. Niemals höre ich hoffnungsschürende Phrasen wie »Nein, aber ich kenne jemanden, der jemanden kennt, der vielleicht wüsste, wer gerade ein gutes Auto verkaufen will…«. Das Gleiche erfahre ich, wenn ich mich in einem Laden erkundige, ob eine bestimmte Ware geführt wird. Als Antwort bekomme ich entweder »Ja« usw. oder ein schlichtes und abruptes »Nein«. Ein »Nein, aber ich weiß, wo Sie es vielleicht finden könnten« hört man nur in seltenen Fällen. Inzwischen haben mich meine Erfahrungen auch gelehrt, dass ich das Spiel schon verloren habe, wenn ich extra fragen muss, ob mir der nette Ladenverkäufer bzw. die Ladenverkäuferin denn freundlicherweise vielleicht verraten könnte, wo ich das von mir begehrte Produkt doch noch erwerben könnte. Auf mich wartet dann die nächste Schlappe und sie heißt: »Nee, das weiß ich leider nicht«, die bestenfalls mit einem »tut mir leid« begleitet wird. In Ländern, wo das formelle Leben in einem Konkurrenzverhältnis zum informellen Leben steht, kommen derartig unlebendige Interaktionsmomente selten vor. In Deutschland ist das wahrhaftig »gang und gäbe«.

Zugegebenermaßen musste ich hier erst solche Erfahrungen machen, um endlich Genuss daran zu finden, wenn beispielsweise zwei irische Bauern über den Preis eines Schafes eine halbe Stunde lang zornig und lauthals feilschen, als würden sie einander zutiefst hassen – und dann gemeinsam in die Kneipe gehen, um den Deal friedlich und genussvoll mit einem dunklen Porter abzuschließen. Danach könnte vielleicht ein neuer Streit entstehen, weil beide streng darauf bestehen, die Runde zu bezahlen. Auch wenn diese Art, Geschäfte abzuwickeln, auf Dauer lästig und unpraktisch ist, sieht man, wieviel Lebendigkeit verloren geht, wenn sich Marktwirtschaften nicht ihrer informellen Energien bedienen.

Der Mensch darf nicht zum passiven Konsumenten in einer durchverwalteten Marktwirtschaft verkommen, sondern soll – als aktiver Verhandlungsakteur – der Mitgestalter des Wirtschaftsgeschehens sein, an dem er teilnimmt. Die Ausländer in Deutschland verfügen über keine besseren Gestaltungsmöglichkeiten im Bereich des Wirtschaftslebens als

Sprache
Koffer
Inte-
grier-
e
n
Grenze
An-
komm-
en
Zukunft
Aus-
land
Bleib
Käm-
pfen
Fremd
Allein
Bleiben
Zurük
Heim
Gehen
Visa

die Deutschen, aber die belebende Energie, die viele von ihnen über ihre breiteren Freundes- und Familienkreise bekommen, macht sie im Allgemeinen verhandlungssicherer und nervlich belastbarer. Man könnte fast behaupten, dass viele Ausländer, vor allem diejenigen, die als gut assimiliert gelten, sozial viel besser vernetzt sind als viele Deutsche. Subjektiv fühlen sie sich hier oft deswegen eher zu Hause als der Durchschnittsdeutsche im eigenen Land.

Der andere Grund dafür, dass der Durchschnittsdeutsche, trotz materieller Absicherung, viel zu oft gestresst wirkt, liegt einfach daran, dass die Beschaffenheit seines »bequemen« Lebens oft nur eine suchterzeugende Ersatzbefriedigung ist. Seine Besitztümer und Habseligkeiten dienen nicht nur als falscher Maßstab für Lebensqualität und Wohlstand, sondern sind in Wirklichkeit komplett überflüssig und verursachen sogar noch mehr Stress in seinem Leben. Der Schein des materiellen Wohlstands dient oft als Deckmantel oder Fassade für eine Lebensweise, die alles andere als emotional befriedigend ist.

Der andere »Kulturschock«, den ich erfahren habe, war der Ordnungswahn. Ich habe nichts gegen Ordnung oder Ordentlichkeit, denn dort, wo ich herkomme, nämlich aus Irland, könnte man eine gemäßigte Portion an Ordnungswahn durchaus gebrauchen. Aber nur eine gemäßigte Portion. Was ich hier in Deutschland manchmal erlebt habe, grenzte ans Krankhafte. Meine ersten Erfahrungen damit durfte ich bereits vor dem Handyzeitalter machen, also im Zeitalter des Terminkalenders. Ich habe nichts gegen Terminkalender, aber der Terminkalender in den Händen eines vollverwalteten Menschen ist nicht mehr lediglich ein Werkzeug, um Ordnung zu schaffen. Er ist eher ein Instrument der Selbstverwaltung, die der staatlichen Verwaltungsmaschine die Arbeit erleichtern soll. Mit dem Terminkalender verschafft man sich sicherlich einen praktischen Überblick über die terminlichen Verpflichtungen, die das tägliche, wöchentliche und monatliche Berufs- und Privatleben ausmachen. Er ist aber auch ein Instrument, um das Leben selbst zu organisieren, zu regulieren und zu verwalten. Mich hat es zum Beispiel einmal geärgert, als ich – im Alter von 28 Jahren – eine gleichaltrige Frau gefragt habe, ob sie und ihr Freund Lust hätten, sich mit mir auf ein Bier zu treffen. Wenn ich ehrlich bin, habe ich nicht mit einem »Nein« gerechnet, aber ein spontanes »Ja« hat es auch nicht gegeben. Auf meine Frage griff sie fast reflexartig zu ihrem Terminkalender. Das hat sie natürlich keineswegs böse oder respektlos gemeint, aber geärgert hat es mich trotzdem. Um gute Miene zum bösen Spiel zu machen, unterdrückte ich meinen Unmut darüber, dass sie erst ihren Terminkalender »fragen« musste, ob sie mit mir ein Bier trinken »dürfe«. Und obendrein konnte ich dann sogar meine »große Freude« zeigen, als sie mir mitteilte, dass eventuell in drei Wochen Zeit für einen Kneipentreff wäre. Vor lauter Freude hätten wir eigentlich gleich in die Kneipe gehen können, um diese frohe Botschaft zu feiern, aber das wäre sowohl für die Terminkalenderbesitzerin als auch für den Terminkalender selbst viel zu spontan gewesen. Aus dem einen oder anderen Grund ist die Verabredung nie zustande gekommen… Der Terminkalender hatte es sich wahrscheinlich anders überlegt.

Trotz der vielen Termine, die der Durchschnittsbundesbürger bzw. die Durchschnittsbürgerin wahrnehmen muss, erscheint er/sie in der Regel pünktlich zur vereinbarten Verabredung. Bedingt durch die vielen anderen Termine kommt es aber auch häufig zu (kurzfristigen) Absagen. Wenn es dann mit dem Termin klappt – und meistens klappt es ja – und beide Personen bzw. Gruppen lassen sich auf einen angenehmen Abend ein, merkt man irgendwann, dass irgendetwas fehlt. Erst nach einiger Zeit fällt es einem auf, denn die Verabredungen sind meistens ja nicht unangenehm. Doch erst wenn klar ist, dass das Leben in Deutschland ein endloser Terminkalender ist, lässt sich das fehlende Etwas beschreiben oder einfach benennen: Spontaneität. Genau der gleiche Mangel an Spontaneität, der den heiligen Terminkalender zur Lebensnotwendigkeit macht, macht sich im Zusammensein mit den Terminkalenderbesitzern bemerkbar. Als Gegenmittel hilft da nur Bier oder Wein. Ohne den maßvollen Konsum von alkoholhaltigen Getränken wäre die Gesellschaft mancher Menschen eine echte Geduldsprobe. Beim Zusammensein würde es schlicht und einfach an jeglicher Form von Lebendigkeit fehlen. Ohne Alkohol kriegt man den Terminkalender nicht aus dem Kopf. Ohne Alkohol dreht sich jede Diskussion ausschließlich um das Berufsleben, Geld, Autos und »wichtige Termine«. Ohne Alkohol würde man genau die Vorurteile für sich behalten, die das Wesen und die Energie einer heißen und lebendigen Diskussion erst ausmachen. Ohne Alkohol würde man die gottgegebene Spontaneität und die schöpferische Kreativität, die in uns allen stecken, bei manchen Bundesbürgern niemals erleben. Ohne Alkohol sollte man Deutschland schleunigst verlassen. Zugegebenermaßen kommen – alkoholbedingt – bei einigen Menschen manchmal Persönlichkeitsmerkmale zum Vorschein, die sie im nüchternen Zustand viel sympathischer erscheinen lassen. Aber das hat man in jedem Land. Alkohol hilft den deutschen Bundesbürgern, wenn auch nur für kurze Zeit, aus dem Kokon ihres verwalteten Lebens auszubrechen. In vielerlei Hinsicht ist der vollverwaltete Massenmensch genauso entwurzelt wie die vielen Fremden, die in seinem Land einen neuen Start im Leben wagen wollen. Feststellen muss ich bei vielen Ausländern und Ausländerinnen in Deutschland, dass sie es oft schaffen – trotz Sprachbarrieren, trotz der schlechten Behandlung in manchen Bereichen, trotz der Distanziertheit der »Urbevölkerung« – eine Nische zu finden, die sie ihr Zuhause nennen können.

Ich vermute, dass wenn die BRD nicht aus Menschen bestünde, die das Leben, die Arbeit und vor allem sich selbst viel zu ernst nehmen, dann hätten wir vielleicht nicht das stabile und effizient funktionierende Industrieland, das der Menschheit so viel Glück, Frieden und Wohlstand verheißt. Die Geschichtsbücher verraten uns unmissverständlich, dass der industrielle Aufbau in Deutschland nicht immer mit diesen Verheißungen beglückt war. Wahrscheinlich lässt sich das typisch deutsche Krisenbewusstsein auf die immer wiederkehrenden Turbulenzen zurückführen, die die industrielle Entwicklung Deutschlands wiederholt geplagt und die Psyche seiner Bürger und Bürgerinnen dauerhaft geprägt haben. Psychisch gesehen zahlen aber die Bundesbürger/-innen einen hohen Preis für ihr Glück, ihren Frieden und ihren Wohlstand. Nirgendwo macht sich dieser Tatbestand deutlicher bemerkbar als an manchen Arbeitsplätzen. Da in den Köpfen der Durchschnittsbevölkerung die nächste Krise, welcher Art auch immer, direkt um die Ecke liegt, gilt Ernsthaftigkeit als höchste Tugend. Man eignet sich ein überstrukturiertes Denkmuster an, das der Logik einer Maschine oder eines Computers ähnelt, dass alles andere als kreativitätsfördernd ist. Mehrmals habe ich miterlebt, wie sich erwachsene Männer wegen »dringender« Aufträge den ganzen Arbeitstag gegenseitig angeschrien haben. Oberflächlich betrachtet könnte man meinen, dass sie durch das peinliche »Rumgeschreie« nur für (mehr) Arbeitstempo sorgen wollen. Tiefer betrachtet sieht man, dass das »Rumgemobbe« in Wirklichkeit ein Wichtigkeitswettbewerb ist. Und noch etwas tiefer betrachtet sieht man, dass die Männer auf diese Art und Weise nur zeigen, dass sie ihre Jobs und ihr Leben zum Teil (oder vielleicht gänzlich) hassen. Und am tiefsten betrachtet sieht man, dass die ganze »Hektikmacherei« doch nur ein Trauma verarbeitender Schreiwettbewerb war. Denn Punkt 17:00 Uhr – egal wie weit sie mit den »dringenden« Aufträgen waren – haben sie, nervlich erschöpft und mit rauen Hälsen, Feierabend gemacht.

Die Neigung zur effizienzhemmenden »Hektikmacherei« erklärt sich wahrscheinlich aus der wohlverstandenen Tatsache, dass in einem kapital- und technikintensiven Produktionsstandort wie Deutschland, der/die Bundesbürger/-in nicht nur durch billige Arbeitskräfte im Ausland, sondern auch durch den technischen »Fortschritt« im Inland jederzeit vom seinem/ihrem Arbeitsplatz verdrängt werden kann. Von dieser Existenzangst ständig geplagt, wissen viele Deutsche, dass sie im Handumdrehen in eine Lage geraten können, die sich von der der vielen Langzeitarbeitslosen und Ausländer/-innen kaum unterscheidet. Die Ausländer wissen wenigstens, dass sie Fremdkörper in der deutschen Gesellschaft sind und arrangieren sich daher mit dieser schmerzvollen Situation oft viel besser. Es macht wenig Sinn zu behaupten, dass ausländische Arbeitskräfte am Arbeitsplatz »bevorzugt« gemobbt werden, denn bevorzugt gemobbt werden diejenigen, die entweder generell als Störfaktor betrachtet werden oder die sich gegen die Aggressivität mancher Arbeitskollegen/-innen nicht wehren können. Wenn Menschen das – meistens angstbedingte – Bedürfnis haben, anderen Arbeitskollegen/-innen das Leben zur Hölle zu machen, dann sind Merkmale wie Hautfarbe, religiöse Zugehörigkeit oder das Herkunftsland höchstens nur Vorwände und nicht die auslösenden Faktoren. In manchen Fällen werden ausländische Arbeitskollegen/-innen aus Angst vor Diskriminierungsvorwürfen von mobbenden Personen sogar »bevorzugt« in Ruhe gelassen.

Persönlich bin ich wahrscheinlich besser assimiliert in Deutschland als viele Bundesbürger. Sprachlich existieren für mich gar keine Barrieren. Beruflich bin ich in einem Bereich tätig, der mir gefällt. Durch strafbare Verhaltensweisen falle ich nirgendwo auf und mit dem Gesetz gerate ich nie in Konflikt. Während meines langjährigen Aufenthalts in Deutschland habe ich viele interessante Menschen kennengelernt und Freundschaften aufgebaut. Wenn das, was ich in den letzten vier Sätzen angeführt habe, »assimiliert« heißt, dann bin ich zweifelsohne »assimiliert«. Wenn »assimiliert« aber heißt, dass ich in der deutschen Gesellschaft, vielleicht auf Kosten meiner gottgegebenen und kulturbedingten Individualität aufgehe und versuche, wie der durchschnittliche Bundesbürger zu leben und zu handeln, dann kann ich nur sagen, dass das aus den vielen Gründen, die ich geschildert habe, einfach nicht geht. Es besteht oft eine dermaßen große Kluft zwischen den Erlebnis- und Gefühlswelten der beiden Gruppen – d. h. den ausländischen Bürgerinnen und Bürgern in Deutschland auf der einen Seite und den Deutschen auf der anderen –, dass es zwischen ihnen kaum Berührungspunkte gibt.

Wenn wir in einer freiheitsliebenden Gesellschaft leben, dann heißt Assimilierung die Aneinanderreihung der Kompromisse, die immer wieder geschlossen werden (müssen), zwischen den expliziten und impliziten Forderungen der Gesellschaft auf der einen Seite und dem Bedürfnis nach individueller Autonomie auf der anderen. Assimilierung wird deswegen für die meisten Ausländer/-innen ein lebenslanger Prozess sein, der sich durch den wiederholten Austausch mit den Bundesbürgern/-innen zwar langsam vollzieht, doch – wenn gegenseitiger Respekt herrscht – durchaus gelingen kann. Assimilierung ist kein Prozess, den man mit verwaltungstechnischen Maßnahmen beschleunigen oder erzwingen kann. Gäste im fremden Land verdienen ihr Aufenthaltsrecht durch ihre ausgeprägte Kompromiss- und Anpassungsbereitschaft. Andererseits, wenn Menschen mit ausländischer Herkunft im Gastgeberland deswegen da sind, weil der Gastgeber auf deren Arbeitskraft bzw. Fachwissen angewiesen ist, dann sollte der Gastgeber auf die eine oder andere Art seine Dankbarkeit erweisen. Bei toleranten und flexiblen Menschen in toleranten und flexiblen Gesellschaften geht die Kompromissfindung relativ dynamisch und mit wenigen Turbulenzen vonstatten. Zu Reibereien und Unmut kommt es immer, wenn die Kompromissbereitschaft auf der einen oder anderen Seite teilweise oder gänzlich fehlt.

Ob es uns oder anderen Menschen gefällt oder nicht, verkörpern wir kollektiv als ausländische Bewohner/innen der BRD die Dimension der deutschen Gesellschaft, die sie zu einer multikulturellen Gesellschaft macht. Aus diesem Grund wird es zunehmend schwierig, von Normen einer rein deutschen Gesellschaft zu reden, die ausländische Bürger/innen zu verinnerlichen haben. Die Turbulenzen, die die Transformation von einer deutschen zu einer multikulturellen Gesellschaft nach sich zieht, können nur bewältigt werden, wenn wir Menschen mit internationaler Erfahrung und Deutsche respektvoll miteinander umgehen und gemeinsam eine bessere – und weniger verwaltete – Gesellschaft aufbauen, in der Frieden herrscht und in der wir uns wohl fühlen. Sind wir dafür genügend tolerant und kompromissbereit? Wenn ja, dann schaffen wir es, aber nur auf der Grundlage ehrlicher und authentischer Beziehungen jenseits von Kapital, Technik und Bürokratie. So könnten wir eine Menge voneinander lernen.

Anita

aus Süditalien, 55 Jahre, Lehrerin

»Torbido Siri, del mio mal superbo,
or ch´io sento da presso il fin amaro,
fa´tu noto il mio duolo al Padre caro,
se mai qui ´il torna il suo destino acerbo.«
»Trüber Siri, stolz auf meine Missstände
Jetzt, wo ich mich dem bitteren Ende nähere,
mache meinen Kummer dem lieben Vater bekannt,
wenn sein bitteres Schicksal ihn jemals hierher zurückbringt.«
Isabella di Morra

Meine Familie lebt seit Generationen in der Region Basilikata. Südlicher in Italien sind nur noch Kalabrien und die Insel Sizilien. Die Basilikata ist für ihre wunderschönen, zum Teil noch unentdeckten Strände bekannt. Ungefähr eine halbe Million Menschen leben in dieser Region. Meine Eltern haben sechs Kinder, wovon heute vier in Deutschland leben – meine drei Brüder und ich.

Als erster hat mein älterer Bruder unser Dorf in Richtung Norden verlassen. Nach wenigen Jahren eröffnete er ein kleines Lokal mit italienischen Spezialitäten in einer kleinen Stadt in Mitteldeutschland. 1987 war ich mit meiner Berufsschule fertig und wollte ihn für ein paar Monate zusammen mit meinem jüngeren Bruder besuchen. Es war November, das Wetter war sehr kalt und regnerisch, aber das hat uns nicht gestört. In Deutschland haben wir unseren Bruder und seine herzliche Familie gehabt, das war das Wichtigste in diesem Moment. Wenn man jung ist und vielleicht etwas naiv, erscheint das Leben in einem anderen Land und insgesamt unproblematischer und leichter. Für uns war es ein Abenteuer. Deutschland gefiel mir und ich fühlte mich endlich frei. Ich war auch sehr neugierig auf die andere Kultur und das andere Leben. Unser

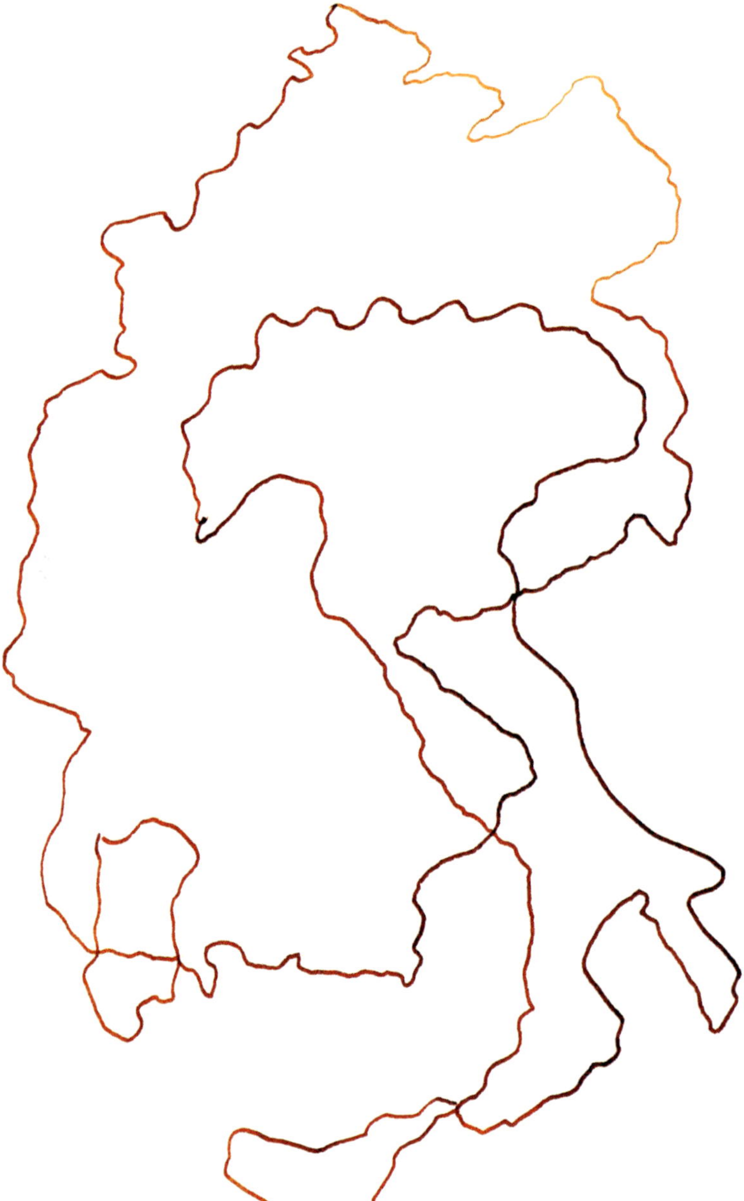

Dorf hat ungefähr 5000 Einwohner, da kennt man sich gut. Ich wollte auch niemals jemanden aus meinem Dorf heiraten, sondern aus dieser Enge ausbrechen.

Zuerst haben wir meinem Bruder in seinem Ristorante mitgeholfen. Am Anfang konnte ich noch kein Deutsch. Ich lernte die Sprache spontan im Alltag, erst später besuchte ich einen Kurs in der Volkshochschule. Die Menschen in Deutschland empfand ich als distanziert und ein Stück direkter. »Nein« zu sagen, ist für mich zum Beispiel nie einfach gewesen. Ich empfinde die Deutschen als hilfsbereit und nett, aber, wie gesagt, mit einer gewissen Distanz.

Nach ein paar Monaten hatte ich in Deutschland einen jungen sympathischen Mann aus meinem italienischen Dorf wiedergetroffen. Ich kannte seine Schwester sehr gut. In der Ferne waren wir uns sehr vertraut und fühlten uns durch die gemeinsame Lebensgeschichte verbunden. So habe ich schließlich doch jemanden aus meinem Dorf geheiratet. Auch zwischen Norditalien und Süditalien gibt es regionale Mentalitätsunterschiede. Vielleicht ist es gut, dass wir, bedingt durch eine gemeinsame Herkunft, ähnlich denken und empfinden.

Ein paar Mal wollten wir beide nach Italien zurückkehren, wir fanden aber keine passende, gut bezahlte Arbeit. Einmal wurde der Plan sehr konkret. Unsere Kinder waren damals ungefähr sechs und drei Jahre alt. Meine Schwestern und ich wollten in Italien ein Geschäft aufmachen. Das Vorhaben erwies sich jedoch für beide Familien als zu riskant. Wenn man Kinder hat, braucht man finanzielle Sicherheit und so entschieden wir, für die nächsten Jahre doch in Deutschland zu bleiben.

Im Jahr 2004 haben mein Bruder und ich ein kleines Bistro mit italienischen Spezialitäten eröffnet: Kaffee, Olivenöl, kleinen Panini (belegte Brötchen) und Dolci (Süßigkeiten, Desserts). Die Kosten für das Geschäft waren allerdings sehr hoch und zunehmend konnte man italienische Produkte auch in normalen deutschen Supermärkten erwerben. So mussten wir nach einigen Jahren schließen. 2006 habe ich ein Fernstudium an der Universität in Pisa angefangen. Da war ich bereits 41 Jahre alt. Damals war ein online-Studium noch nicht alltäglich, sondern etwas völlig Neues und Modernes. Ich studierte italienische Sprache und Kulturwissenschaften an der romanischen Fakultät. Das Studium war für Ausländer im Allgemeinen und für die im Ausland lebenden Italienerinnen/Italiener gedacht. Die Prüfungen musste ich immer in Frankfurt absolvieren.

Meine Magisterarbeit habe ich übrigens über die Dichterin Isabella di Morra geschrieben. Sie lebte im 15. Jahrhundert, ca. zwanzig km von meinem Dorf entfernt auf einer Burg, Castello di Valsinni. Sie ist eine der bekanntesten Lyrikerinnen der Renaissance. In dieser Zeit hatten Frauen durchaus bedeutenden Anteil am kulturellen und literarischen Leben. Sie starb mit nur 26 Jahren infolge einer entzündeten Stichwunde.

Zum Glück wurde mein Abitur in Deutschland anerkannt, deshalb darf ich jetzt in Deutschland Italienisch als Fremdsprache unterrichten. Aber die Zeit mit kleinen Kindern, Studium, Haushalt und dem Job in der Gastronomie war wirklich sehr anstrengend. In diesen Jahren hatte ich keine Freizeit für mich. Seitdem etabliere ich mich zunehmend als Italienischlehrerin. In den Jahren 2020 und 2021 wurden durch die Corona-Pandemie leider viele Kurse abgesagt. Die neue Herausforderung ist jetzt der Online-Unterricht. Meinen Job in der Gastronomie habe ich als Sicherheit wegen der sozialen Leistungen behalten. Dort verstehe ich mich mit einer Frau aus Russland am besten. Wir teilen dieselbe Familientradition und gleiche Werte.

Meine Heimat vermisse ich sehr, vor allem das Leben an der Meeresküste: das warme trockene Klima, die Sonne, die angenehmen Abende und das Leben, das sich draußen auf der Piazza oder auf den Straßen abspielt. In den letzten Jahren habe ich vor allem das helle Sonnenlicht vermisst. Alles, dem ich damals entfliehen wollte, beginne ich zunehmend zu schätzen: Die Menschlichkeit im Alltag – zum Beispiel, dass der Bäcker sich nach so vielen Jahren an mich und meine Familie erinnert und warmherzig nach uns fragt.

Zu Hause kochen wir ausschließlich italienisch. Früher, im Heimaturlaub, haben wir das Auto voll mit italienischen Lebensmitteln beladen: Kaffee, Saucen, die speziellen Nudelsorten. Auch unsere Lieblingswurst, die Salsiccia, konnte man damals in der deutschen Provinz nicht kaufen. Heutzutage bekommt man all diese Produkte auch in Deutschland. Wir kochen traditionell zum Beispiel Baccala con peperoni cruschi e frizzuli con la mollica (hausgemachte Pasta mit Fisch und Paprika) oder Ciambotta lucana (eine Gemüsepfanne). Wir sind jedes Jahr mit den Kindern zu unseren Familien nach Süditalien gefahren und zwischendurch haben wir immer viel miteinander telefoniert. Die Verbindungen nach Hause blieben immer lebendig. Zu Hause in Deutschland schauen wir oft italienisches Fernsehen, lesen italienische Bücher und Zeitungen und sprechen italienisch.

Meine beste Freundin ist meine Schwester. Sie lebt in Italien und wir besprechen immer unsere Probleme und das Alltägliche per Telefon. Ich tausche mich viel mit Frauen in Deutschland aus und habe viele und sehr gute Bekannte. Eine wahre Freundin ist für mich jemand, mit dem ich auch das Intimste besprechen kann. Nach 30 Jahren traf ich meine beste Schulfreundin in Rom wieder. Es war, als ob die fehlende gemeinsame Zeit gar nicht gewesen wäre. Wenn es einmal eine wahre Freundschaft war, bleibt diese Freundschaft auch für immer.

Meine Kinder suchten früher oft die Gesellschaft anderer ausländischer Kinder, vielleicht weil sie dieselbe Geschichte der Emigration ihrer Eltern teilten. Ich würde sagen, dass beide Kinder hier gut integriert sind. Manchmal höre ich aber, dass sie sich sowohl in Italien als auch in Deutschland in gewissem Sinne fremd fühlen. Meine Tochter wollte, als sie sechzehn Jahre alt war, vorerst für ein Jahr in Italien bleiben und dort zur Schule gehen. Ich habe ihr geraten, besser Italienisch zu lernen, um die Muttersprache zu perfektionieren. Seitdem sind schon fast fünf Jahre vergangen. Demnächst möchte sie in Bari das Studium der Sprachwissenschaften aufnehmen. Sie fühlt sich dort sehr wohl, ihre Großeltern, Tanten, Onkel, Cousinen und Cousins leben dort. Auch mein Sohn verbrachte ein Jahr bei den Großeltern in Süditalien. Aber er konnte dort leider keine passende Arbeit finden, so ist er erstmal wieder nach Deutschland zurückgekehrt.

Die Auswanderung bedeutete für mich eine Bereicherung. Eine andere Sprache zu lernen, in einem anderen Land zu leben, neue Erfahrungen zu machen, das erweitert auf jeden Fall den Horizont. Ich habe mittlerweile ein Zugehörigkeitsgefühl zu diesem Land entwickelt und bin viel toleranter als früher. Bei uns zu Hause gab es zum Beispiel Vorurteile gegenüber den Menschen aus Afrika. Für mich ist es nur wichtig, dass ein Mensch ein guter Mensch ist. Herkunft, Hautfarbe, Kleidung oder Religion sind mir egal.

Allerdings habe ich oft Phasen der Melancholie. In den letzten Jahren entwickelte ich eine tiefe Sehnsucht nach meiner Heimat. Mein größter Wunsch ist, nach Italien zurückzukehren, um mich um meine Eltern zu kümmern. Mit den Jahren vermisse ich meine Familie immer mehr. Als unsere Kinder klein waren, hatten wir vielleicht einfach keine Zeit das alles genauer zu reflektieren. Trotzdem fühle ich mich – besser als mein Mann – in Deutschland angekommen. Antonio arbeitete nur in italienischen Restaurants. Dort wird untereinander vorwiegend Italienisch gesprochen. Vielleicht gelingt es uns in naher Zukunft, eine passende Wohnung in der alten Heimat zu finden, um im Alter mehr Zeit mit unseren Familien zu verbringen. Wir haben allerdings die Erfahrung gemacht, dass Vieles im Gesundheitswesen und in der öffentlichen Verwaltung in Italien nicht gut funktioniert. So gibt es ständig Argumente für oder gegen eine Rückkehr in unser Herkunftsland.

Hany

aus Alexandria, 66 Jahre, Arzt

And in the end the love you take
is equal to the love you make.
Letztlich ist die Liebe, die du nimmst,
Gleich der Liebe, die du gibst.
The Beatles

Ich wurde in Ägypten geboren und verbrachte meine Kindheit und Studienzeit in Alexandria. Meine Herkunft war sicherlich nicht alltäglich: der Vater ein liberaler ägyptischer Muslim und die Mutter eine Immigrantin aus Deutschland, eine Christin. Diese Version haben meine Eltern uns Kindern zumindest damals erzählt. Die Wahrheit durften wir und die Öffentlichkeit aus politischen Gründen lange nicht erfahren. Erst viel später – ich lebte bereits in Deutschland – wurde mir mitgeteilt, dass meine Mutter jüdischer Abstammung war. Mit ihrer Familie hatte sie 1934 oder 1935 das nationalsozialistische Deutschland verlassen und Zuflucht in Palästina gefunden. Dort lernte sie meinen Vater kennen, heiratete ihn und siedelte mit ihm nach Ägypten über. Im folgenden Jahr 1948 wurde der Staat Israel gegründet und der erste Krieg zwischen Ägypten und Israel begann. Alle Brücken zur Familie meiner Mutter brachen ab. Wir Kinder durften das alles nicht wissen, weil das damals schwere Folgen hätte haben können. Mit der Mutter haben wir alle in der Familie Englisch gesprochen, mein Vater konnte kein Deutsch und die Mutter kein Arabisch. Den Eltern und Geschwistern meiner Mutter war es gelungen, sich vor dem Holocaust zu retten. Eine Tante wanderte in die USA aus. Nur ein Bruder meiner Mutter war nach dem Krieg nach Deutschland zurückgekehrt und lebte in Frankfurt. Über das Schicksal der übrigen Verwandtschaft habe ich nie etwas erfahren.

Durch diese Konstellation waren weder meine Erziehung noch mein Aussehen typisch ägyptisch oder arabisch. Meine Kindheit in Ägypten war eine glückliche, doch entwickelte ich mit der Zeit mehr und mehr das Gefühl, mit der ägyptischen Mentalität nicht gut zurecht zu kommen. Ferner habe ich in den siebziger Jahren mehrmals Europa und die USA bereist und mich in diesen anderen Kulturen viel wohler gefühlt. Mir war schon lange bewusst, dass ich Ägypten verlassen würde.

Warum fiel meine Entscheidung auf Deutschland? Weil ich bei einem Urlaub in London mit 26 Jahren eine junge Deutsche kennengelernt und später geheiratet habe. Mein Ziel war immer die USA, doch das Leben hält oft Zufälle und Wendungen bereit. Die Entscheidung, in Deutschland leben zu wollen, trafen wir zu zweit. Inzwischen habe ich fast vierzig Jahre hier verbracht. Nach den ersten Eindrücken musste es sich bei Deutschland um ein Schlaraffenland handeln. Als Bürger bzw. Bürgerin genießt man viele Rechte. Ich schätze insbesondere die Meinungsfreiheit. Hier herrschen Sicherheit und Zuverlässigkeit. Für mich bleibt die ergreifendste Erfahrung, dass man in dieser Gesellschaft seine Meinung über vieles frei äußern kann – egal ob über Politik oder Religion – und keine Angst vor Verfolgung haben muss. Diese Erfahrungen waren für mich sehr positiv. Die Umstellung bereitete mir keine Schwierigkeiten – bis auf die Sprache. Mit Rassismus, direkt oder unterschwellig, habe ich keine Erfahrungen gemacht. Das hat vermutlich damit zu tun, dass ich nicht unbedingt durch mein Aussehen auffalle und schnell gut und akzentfrei deutsch sprach.

Ich habe hier viele Bekannte, aber eine wirklich intensive neue Freundschaft entwickelte sich nicht. In der Regel sind Freundschaften, die man im Alter über 30 aufbaut, nicht so intensiv wie die Freundschaften, die man in der Kindheit und im jungen Erwachsenenalter entwickelt. Meine besten Freunde in Deutschland sind drei Ägypter, die ich bereits in der Schule und im Studium in Ägypten kennengelernt habe und die ebenfalls nach Deutschland ausgewandert sind.

Ich möchte nicht mehr nach Ägypten zurückkehren, weil es nicht mehr meine Heimat ist. Deutschland ist meine Heimat geworden. Ich fühle mich vollständig assimiliert. Aufgrund meiner Erziehung war meine Mentalität schon immer eher deutsch als ägyptisch. Mein Bruder, der in Ägypten geblieben ist, besitzt trotz gleicher Erziehung andere Ansichten, vor allem bezüglich der Religionen. Meines Erachtens zeigt sich hier der Einfluss der jeweiligen Gesellschaft und der örtlichen Medien. Als ich nach Deutschland kam, war auch ich ein überzeugter Muslim. Inzwischen bin ich Agnostiker. Was ich an meiner deutschen Heimat liebe? Hier kann man in Wohlstand und Sicherheit leben. Die alte Heimat ist für mich keine Heimat mehr, sie beinhaltet nur alte Erinnerungen. Phasen der Melancholie oder tiefer Sehnsucht habe ich gar nicht. Meine Heimat ist hier. Die Emigration war für mich eine richtige Entscheidung. Mein Rat an alle, die sich besser integrieren und akzeptiert werden wollen, ist, die Sprache gut zu beherrschen. Sonst bleibt man für immer fremd.

Musik spielte in meinem Leben immer eine wichtige Rolle. Denn sie gehört allen, ist international und das Hobby vieler Menschen auf der ganzen Welt.

Aus dem alten Leben fehlt mir NICHTS.

Francisca

aus Santiago de Chile, 54 Jahre, Dozentin für Lateinamerikanistik

Ein Bild sagt mehr als tausend Worte.

Ich war 16 Jahre alt, als ich in meiner Schule in Chile einen deutschen Film in Originalfassung sehen konnte. Es handelte sich um einen Klassiker aus den fünfziger Jahren mit dem Titel »*Heidelberger Romanze*« und dem Traumpaar des damaligen deutschen Kinos Liselotte Pulver und O.W. Fischer. Ich konnte nicht ahnen, wie dieser Film mein Leben prägen würde.

Ich war Schülerin in einer deutschen Mädchen-Schule, die von Nonnen geleitet wurde, und hatte als erste Fremdsprache Deutsch. Mit 17 Jahren bin ich als Austauschschülerin für fünf Monate nach Deutschland gekommen. Da ich in der chilenischen Hauptstadt Santiago, die von den hohen Bergen der Anden eingerahmt wird, aufgewachsen war, hatte ich wenig Ahnung vom Landleben. Als Austauschschülerin wohnte ich bei einer Gastfamilie in einem winzigen Dorf bei Rendsburg in Schleswig-Holstein. Ich war umgeben von Bauernhöfen und Wiesen und von einer flachen Landschaft – ganz anders als in meiner Heimatstadt und der dortigen Umgebung. Im Ort war ich eine »Rarität«. Sowohl mein Aussehen als auch mein Akzent wirkten auf die Landbewohner fremd. Ich besuchte die dortige Realschule. Meine Mitschüler und Mitschülerinnen wussten nicht, wo Chile liegt und fanden sehr ulkig, dass ich die deutsche Nationalhymne auswendig konnte. Genauso verankert in meinem Gedächtnis sind die Worte des Realschuldirektors, eines älteren Mannes mit abstehenden Ohren und einer scharfen Stimme: »HABEN SIE MICH VER-STAN-DEN?!«

Als ich wieder in Chile war und die Schule beendete, wusste ich, dass ich Literatur, Film oder Fremdsprachen studieren wollte. Ich begann,

Germanistik und Romanistik an der *Pontificia Universidad Católica* zu studieren. Während meiner Studienzeit erlebte meine Heimat turbulente Jahre: die letzte Phase der Militärdiktatur, das Volksreferendum und schließlich freie Wahlen, die zur Rückkehr der Demokratie führen sollten. Als Studentin war ich – wie viele andere aus meiner Generation – politisch sehr aktiv. Jedes Wochenende versammelten wir uns und gingen auf die Straßen, um gegen die Pinochet-Diktatur friedlich zu protestieren und zu kämpfen. Für unsere Generation war es das politische Erwachen, eine sehr aufregende und gleichzeitig sehr gefährliche Zeit.

Nach dem Abschluss meines Studiums überlegte ich, ins Ausland zu gehen, um mich im Fach Filmwissenschaft zu qualifizieren. Ich war schon als Kind vom Film und von der glamourösen Filmwelt Hollywoods fasziniert. Bis dahin hatte ich mich auf Komparatistik (Vergleichende Literaturwissenschaft) spezialisiert und wollte im Bereich Medienkomparatistik promovieren. So kam ich wieder nach Deutschland, in eine Universitätsstadt, aber diesmal als Studentin mit dem Stipendium einer deutschen Stiftung. Als ausländische Studentin und Stipendiatin befand ich mich in einer privilegierten Position. Ich schloss innerhalb kurzer Zeit gute Freundschaften an der Universität und habe mich in das Studentenleben integriert. Dennoch habe ich sämtliche Hürden des interkulturellen Prozesses erlebt, beispielsweise den schroffen und distanzierten Umgangston in der Universitätsverwaltung. Mir sind die Worte der Sekretärin meines Doktorvaters im Gedächtnis geblieben, einer missmutigen und spröden Frau: »Bitte halten Sie Abstand! Ich brauche meinen Bereich!«

Während dieser Zeit als Doktorandin lernte ich meinen ersten Ehemann kennen. Wir waren beide Stipendiaten derselben Stiftung. Darüber wurden wir regelmäßig zu diversen Kulturveranstaltungen und politischen Seminaren eingeladen. An einen Filmabend in der Marburger Altstadt erinnere ich mich besonders gut. Der deutsche Klassiker »*Die Feuerzangenbowle*« mit dem Filmstar Heinz Rühmann wurde gezeigt. Obwohl ich Filme immer sehr gerne gesehen habe und mit meiner Promotion im Fach Medienwissenschaft begonnen hatte, mochte ich diesen Film beim ersten Mal überhaupt nicht. Er war mir zu fremd.

Im Gegensatz zu heute gab es damals weder Internet noch soziale Netzwerke. Telefonieren kostete sehr viel Geld. Daher habe ich viele Briefe und Postkarten geschrieben, die meine Mama bis heute aufbewahrt. In der Endphase meiner Promotion traf ich eine grundlegende

Entscheidung, die mein Leben nachhaltig prägte und die ich bis heute nicht bereut habe. Ich heiratete und blieb in Deutschland. Mein erster Ehemann und ich gingen nach München, da er eine Habilitationsstelle an der Ludwig-Maximilians-Universität bekam. Es war insgesamt eine schwierige Zeit für uns beide, da wir beruflich noch nicht Fuß gefasst hatten. Ich arbeitete freiberuflich als Dozentin am Sprachlabor der Universität Augsburg und musste jeden Tag zwischen München und Augsburg pendeln. Das tat ich vor allem, um mein Spektrum an Berufserfahrungen zu erweitern. Nach drei Jahren erhielt ich eine befristete Stelle am Institut für Übersetzen und Dolmetschen der Universität Heidelberg. Daraufhin wohnte ich abwechselnd in Heidelberg und München.

Meine erste Ehe ging in die Brüche und fast gleichzeitig starb unerwartet mein Vater. Das war bis heute die härteste Zeit meines Lebens. Beruflich ging es allerdings aufwärts. Ich bekam eine unbefristete Stelle, die für mich Unabhängigkeit und Sicherheit in vielerlei Hinsicht bedeutete und mir bei der Verarbeitung meiner Scheidung und des Todes meines Vaters half. In diesen Monaten hatte ich sehr viel Zeit für mich. Da ich nicht mehr pendeln musste, konnte ich Heidelberg richtig erkunden und zum Beispiel die Orte besuchen, an denen die »*Heidelberger Romanze*« gedreht worden war. Während dieser neuen Lebensphase lernte ich viele Menschen aus der ganzen Welt kennen.

Als Koordinatorin der Heidelberger Regionalgruppe der Alexander von Humboldt-Stiftung und im Rahmen einer wissenschaftlichen Tagung an unserer Universität organisierte ich einen Konzertabend im Max Weber-Haus. Dort, auf dem Balkon mit Schlossblick, lernte ich meinen zweiten Ehemann kennen und habe »mein Herz in Heidelberg verloren«. Er erinnert sich gerne an unser erstes Gespräch über deutsche Schulen im Ausland. Ich erzählte ihm dabei, dass ich in der von deutschen Nonnen geleiteten Mädchen-Schule war. Er schmunzelt jedesmal, wenn er meine Worte zitiert und meinen Duktus mit einem Augenzwinkern imitiert: »Herr G., Nonnenschülerinnen sind bekanntlich die schlimmsten.« Mein Mann ist Deutscher und hat wie ich für längere Zeiten im Ausland (in Südafrika und England) gelebt. Zu Weihnachten schauen wir uns gerne Klassiker an – auch »*Die Feuerzangenbowle*«. Dieser Film ist mir mittlerweile sehr ans Herz gewachsen.

Unser Zuhause ist durch Interkulturalität und Internationalität charakterisiert. Ich lebe zwischen zwei Kulturen, die sich wunderbar ergänzen und deren Geschichte auf eine lange gemeinsame Tradition zurückweist.[1] In beiden Kulturräumen fühle ich mich sehr wohl und sicher.

Wenn ich heute an der Uni das Fach »Audiovisuelles Übersetzen« unterrichte, beginne ich mit den Worten: »Ein Bild sagt mehr als tausend Worte.«

1 Über die historischen Beziehungen zwischen Deutschland und Chile siehe beispielsweise: MOLS, Manfred/WAGNER, Christoph (Hrsg.): *Deutschland – Lateinamerika. Geschichte, Gegenwart und Perspektiven*, Frankfurt a.M., 1994 Vervuert; KARL KOHUT et al. (eds.) : *Deutsche in Lateinamerika – Lateinamerika in Deutschland*, Frankfurt a.M., 1996, Vervuert; SANHUEZA CERDA, Carlos: *Chilenos en Alemania y alemanes en Chile: viaje y nación en el siglo XIX*, Santiago de Chile, 2006, LOM/Centro de Investigaciones Diego Barros Arana.

Ahmet

aus Izmir, 65 Jahre, selbstständig

Alles nimmt ein gutes Ende für den,
der warten kann.
Leo N. Tolstoi

Einige Monate vor dem Militärputsch im Jahr 1980 bin ich nach Deutschland geflüchtet – auf abenteuerlichen Wegen in einem Bus mit türkischen Gastarbeitern. Zu diesem Zeitpunkt war ich 24 Jahre alt und in einer progressiven linken Jugendorganisation politisch aktiv. Wir unterstützten unter anderem Kurden und kämpften gegen nationalistische und islamistische Tendenzen. Von den Machthabern wurden wir genau beobachtet, durch die Geheimpolizei erfasst und verfolgt. Ich wurde von zu Hause in Handschellen abgeführt, kam ins Gefängnis und wurde dort gefoltert. Sogar geschossen hat man auf mich. Trotzdem war ich überzeugt von meinen Ansichten und stolz, ein Teil dieser Bewegung zu sein. Nach dem Militärputsch wanderten viele meine Freunde und Mitstreiter für fünf bis sieben Jahre ins Gefängnis. Ich war überglücklich, dass meine Flucht aus der Türkei gelungen war und ich am Leben geblieben bin.

In Deutschland habe ich politisches Asyl beantragt, aber es hat lange gedauert, bis es mir gewährt wurde. Zuerst habe ich mich in einem kleinen Dorf aufgehalten. Ich fühlte mich fremd, kannte die Sprache nicht und hatte keine Freunde. Die Bewohner waren aber sehr freundlich zu mir. Der erste Eindruck von dem Land, den Menschen und der Natur war für mich insgesamt positiv. Die Behörden und die Beamten dagegen waren eiskalt. Selbst als ich meine Narben und Wunden gezeigt habe, wollte man mir meine Geschichte nicht glauben.

Da ich nicht arbeiten durfte, hat mir meine Familie nach Deutschland Geld geschickt. In Berlin lebten bereits einige Verwandte, denen wollte ich aber nicht auf der Tasche liegen. Die Menschen aus dem Westen der Türkei, so wie wir, sind distanzierter innerhalb der Familie als die Türken aus dem Ostteil des Landes.

So hatte ich beschlossen, mich in einem Asylheim in der Hauptstadt anzumelden. Ich kannte ja die Regeln in diesem Land nicht. Es würde lange dauern hier anzukommen, das spürte ich. Mein Asylantrag wurde abgewiesen, ich wurde aber weiterhin geduldet. In die Türkei konnte ich allerdings sowieso nicht zurück. Der Militärputsch, den wir gefürchtet hatten, war längst Realität geworden, und ich hätte verraten werden können. In unserem Asylheim herrschten schlechte Bedingungen. Küche und Bad waren veraltet und sehr dürftig eingerichtet. Sechs Männer waren in einem einzigen kleinen Raum untergebracht. Ich lebte mit Menschen aus Kurdistan, aus dem Libanon, aus Ghana und aus Bulgarien zusammen. Mit einigen Männern aus Ghana und Uganda habe ich mich angefreundet. Auch die Essensportionen waren unzureichend. Wir bekamen eine minimale Geldzuwendung von 45 DM pro Monat. Um das Asylheim wurde ein Zaun gezogen, die Wächter liefen mit Hunden ohne Maulkorb herum. Ich kam mir wie ein Krimineller vor. Wir haben gegen diese Bedingungen protestiert und einige von uns, darunter ich, wurden daraufhin in ein besseres Heim verlegt.

Ich wollte die deutsche Sprache lernen, eine Schule besuchen oder eine Ausbildung machen. Aber diese Möglichkeiten gab es damals nicht und ich hatte nicht das Geld, um selbst Sprachkurse bezahlen zu können. Es gab auch noch keine Integrationsangebote, denn Deutschland war zu diesem Zeitpunkt offiziell noch kein Einwanderungsland. Mein Wunsch, in die DDR auszuwandern, wurde abgewiesen. Vor Wut habe ich den Mitteilungsbrief zerrissen. Einige ausgewanderte Freunde hatten dort Berufe erlernt und konnten sogar studieren. Nach ungefähr zwei Jahren durfte ich meine erste Arbeit bei einer Baufirma aufnehmen. Auf diese Weise konnte ich eine eigene kleine Wohnung finanzieren. Ein Stück meiner Würde bekam ich so zurück. Wenn du Arbeit hast, bist du frei. Insgesamt habe ich fünf Jahre auf gepackten Koffern gelebt. Jederzeit hätte ich in die Türkei abgeschoben werden können.

Auch in Deutschland wurde ich mit Gleichgesinnten politisch aktiv. Wir setzten uns für die Rechte der Kurden in der Türkei ein, für alte Migranten und für die Völkerfreundschaft. Wir kämpften auch für die Freundschaft zwischen den Griechen und den Türken. Wir waren antifaschistisch und antirassistisch eingestellt. In einem interkulturellen Verein habe ich dann eine junge deutsche Frau kennengelernt. Ihr Vater half mir, einen Rechtsanwalt einzuschalten. Durch seine Unterstützung konnte ich vorläufig nicht abgeschoben werden. Die Frau und ich haben uns ineinander verliebt und später geheiratet. Meine Schwiegereltern waren immer politisch aktive Menschen. Sie sind Mitglieder der Grünen Partei geworden und wurden in der Friedensbewegung tätig. Als Antifaschisten haben sie sich immer für die Rechte der vom Krieg und von Verfolgung geflüchteten Menschen eingesetzt. Ich habe oft mit meinem mittlerweile verstorbenen Schwiegervater über politische Inhalte diskutiert. Er war Lehrer und vermittelte seine Ansichten auch im Unterricht. Auch für einen besseren Bildungsweg seiner Schüler hat er sich immer eingesetzt. Meine neue Familie war das Schönste, was ich in Deutschland bisher erlebt hatte.

Ich bin der Auffassung, dass mein Land dort ist, wo ich und meine Familie leben. Die gesamte Welt gehört allen Menschen. Jede Art von Nationalismus ist mein persönlicher Feind. Auch heute mische ich mich ein, wenn ich Leuten begegne, die aus rassistischen oder anderen Gründen angegriffen werden. Ich werde dann laut und schaue nicht weg.

Meines Erachtens braucht man mindestens zehn Jahre, um in einem fremden Land anzukommen. Ganz am Anfang kannte ich zum Beispiel das Wetter nicht. In der Türkei hatte ich nur einmal Schnee gesehen. So habe ich in Berlin in der ersten Zeit ständig gefroren, da ich nicht wusste, wie ich mich richtig kleiden soll. Das warme Klima der Türkei hat mir anfangs sehr gefehlt. Das Erlernen bestimmter Regeln und Sitten in meiner neuen Heimat war eine echte Herausforderung.

Dreizehn lange Jahre traute ich mich nicht, in die Türkei zurückzufahren. So lange habe ich auch meine Mutter nicht gesehen. Die Sehnsucht war das Schlimmste für mich. Das musste ich verdrängen, sonst wäre ich unfähig gewesen weiterzuleben. In dieser Zeit sind meine Nichten und Neffen erwachsen geworden – und ich, der Onkel, war für sie nicht da. Ich konnte ihnen kein Eis kaufen, ich bin nicht mit ihnen ins Kino gegangen. Diese Versäumnisse kann ich nie mehr nachholen. Das macht mich heute noch sehr traurig. Viele meiner Freunde habe ich jahrelang nicht getroffen. Einige wurden im Gefängnis krank. In der Türkei habe ich alles mit meinen Freunden geteilt. In Deutschland sind Freundschaften und Bekanntschaften deutlich distanzierter. Meine Jugenderinnerun-

gen sind mir sehr wertvoll und mit meinen Jugendfreunden verbinden mich weiterhin sehr intensive Freundschaften.

Durch meine Anpassung an Deutschland ist einiges verlorengegangen. Dies war aber wichtig, um hier anzukommen. Durch meine Flucht und durch die ersten harten Jahre hier habe ich mich politisch und auch als Persönlichkeit weiterentwickelt. Heute fühle ich mich aber gut integriert. Meine Kinder fühlen sich ebenfalls hier zu Hause, sie sind sogar noch stärker als ich integriert, zum Teil geradezu assimiliert. Auch im Alter bin ich politisch aktiv, zum Beispiel nehme ich regelmäßig an der »Woche gegen Rassismus« oder bei vielen Kundgebungen teil. Wir leben in Kreuzberg, wo ich viele nette Deutsche und Menschen mit internationaler Erfahrung kennengelernt habe. Mittlerweile besitze ich ein Haus in der Türkei und verbringe dort mehrere Monate im Jahr. In meinem Garten wachsen unter anderem Melonen, Auberginen und Feigen. Dort in der Natur und mit meiner Familie blühe ich auf. In meinem Garten spüre ich, dass hier meine Wurzeln sind.

Geburtsland,
Ursprungsland oder Herkunftsland.

Kein Gastland, mein Land.

Heimat ist dort,
wo ich wohne und arbeite.

Heimat ist dort, wo meine Lieben leben.

Menschen mit
internationaler Erfahrung.

Wir alle sind Kinder unserer Erde.

Freunde und Bekannte finden,
arbeiten, leben, lieben, ankommen.

Glücklich sein, lachen,
verwandte Menschen treffen.

Freude und Lebenslust empfinden.

Vor dem Krieg fliehen.
Waffen. Koffer, Boot, Flugzeug.
Entkommen.

Gegenseitiger Respekt,
Würde, Toleranz, Weitblick.

Danksagung

Unser großer Dank gilt dem Büchner-Verlag in Marburg für das Interesse an diesem Buch, für das Lektorat von Judith Göbel, Anregungen, Ideen, für die Zuverlässigkeit und nicht zuletzt für die Veröffentlichung.

Danke an alle Gesprächspartner und Autoren der Geschichten für den Gedankenaustausch, die vielen wertvollen Ratschläge und die Ermutigungen an uns, dieses Buch zu verfassen.

Andrea Fritzsch vom WIR-Vielfaltszentrum in Marburg danken wir für die freundliche und umfassende Beratung, einige Textkorrekturen und für ihre Ermutigung, das Buch herauszugeben. Und großer Dank für die finanzielle Unterstützung durch das Zentrum.

Der Stadt Marburg sei ebenso für die finanzielle und ideelle Unterstützung gedankt, ganz besonders Dr. Christine Amend-Wegmann vom Gleichstellungsreferat.

Friedel Zörb möchten wir unseren Dank aussprechen für die umfangreichen sprachlichen Verbesserungen und die unendliche Geduld.

Monica, super, dass du den absolut passenden Titel gefunden hast!

Beiden Freundinnen mit Namen Silvia danken wir für die stetige und umfassende Unterstützung.

Dank an alle Freunde, Bekannte und Familienmitglieder, die uns in den letzten Monaten unterstützt haben: Danke für Eure Ideen, Eure Hilfestellungen und für die diesem Projekt geschenkte kostbare Zeit!

Ohne diese enorme Unterstützung von so vielen wunderbaren Menschen wäre das Buch nicht entstanden.

Nicht zuletzt großen Dank an unsere Herkunftsländer, die zu der Vielfalt in Deutschland seit vielen Jahren beitragen. Ohne unsere Herkunft wären wir nicht so, wie wir sind.

Joanna Iwińska und Melika Moazeni
Marburg, April 2023